社交电商
从入门到精通

吴帝聪 ◎ 著

中国纺织出版社有限公司

内 容 提 要

互联网、移动互联网的出现，使得各类以网络为核心的新模式、新格局后浪拍前浪，并催生和改变着人们的生活习惯、消费习惯、社交习惯。社交电商作为一种新型商业模式，代表着电商发展的新趋势和新方向，对人们的购物方式产生了越来越大的影响。学习社交电商运营与营销技巧，是广大社交电商从业者走社交电商之路的必选题。

本书共分为五篇，分别是趋势篇，充分阐释了社交电商的发展现状和发展契机；探究篇，分析研究了社交电商流量转化销量的要素、传统电商向社交电商转型的路径；技法篇，详细引入了社交电商运营思维、模式、实战技法；升华篇，系统介绍了基础流量引入、裂变流量增长、构建流量持续增长生态的方法；践行篇，全面剖析了当前经典社交电商的成功逻辑和玩法。本书通过通俗易懂的语言，借助丰富的操作实例，详细论述了社交电商成功运营以及快速变现的秘密。

本书从细节出发，旨在指导社交电商从业者获取成功的运营方法和技巧，帮助从业者在社交电商浪潮中斩获流量，赢得销量，快速实现人生事业的腾飞。

图书在版编目（CIP）数据

社交电商从入门到精通 / 吴帝聪著 . —— 北京：中国纺织出版社有限公司，2022.3
ISBN 978–7–5180–9372–4

Ⅰ.①社… Ⅱ.①吴… Ⅲ.①网络营销 Ⅳ.①F713.365.2

中国版本图书馆CIP数据核字（2022）第034204号

策划编辑：史 岩　　　　责任编辑：段子君
责任校对：楼旭红　　　　责任印制：储志伟

中国纺织出版社有限公司出版发行
地址：北京市朝阳区百子湾东里 A407 号楼　邮政编码：100124
销售电话：010—67004422　传真：010—87155801
http://www.c-textilep.com
中国纺织出版社天猫旗舰店
官方微博 http://weibo.com/2119887771
天津千鹤文化传播有限公司印刷　各地新华书店经销
2022 年 3 月第 1 版第 1 次印刷
开本：710×1000　1/16　印张：13.5
字数：196千字　定价：55.00元

凡购本书，如有缺页、倒页、脱页，由本社图书营销中心调换

前言

如今，社交网络的强大裂变能力和渗透能力，是以往任何一个时代所无法比拟的。微博、QQ、微信等社交网络把分散在四处的人们聚集起来，让志趣相投的人结交为好友，人们在这些平台上借助文字、图片、视频等向好友分享自己的故事、创意、想法，从而吸引巨大的流量，并快速产生裂变流量，为营销的发展提供了机会。

正因为这一特点，社交网络自然而然地成为不可错失的大蛋糕。在此基础上，社交电商作为电商不断发展过程中崛起的"新物种"，已经一步步站到了电商行业的风口上。

拼多多的快速崛起，以及在社交电商领域获得了巨大红利，吸引了众多平台纷纷涌入占领属于自己的高地，如礼物说、蘑菇街、小红书、爱库存、靠谱好物等。除此之外，各大电商巨头也开始纷纷以积极凶猛之势转战社交电商，如京东推出以拼团为主的"京东拼购"、唯品会推出以微信小程序为主的"云品仓"等，使得社交电商竞争越来越激烈，并在短时间内全线爆红。

社交电商蓬勃发展的时代，交友和购物紧密相连，彼此之间交流购物体验，分享网购商品的点点滴滴，使得购物中融入了社交，社交中掺杂着购物，人们的购物变得更加有趣，与此同时，社交体验充满了温度，无论购物还是社交体验都得到了空前的提升和改变。

社交电商：玩的就是温度

在以往任何一个时代，"生意"都是一个十分古板、冰冷的词汇，不会掺杂任何与买卖无关的东西。然而，时代在变迁，互联网、移动互联网、智能手机的普及，给人们的生活带来了翻天覆地的变化，更为社交电商的引入提供了得天独厚的契机。

社交电商更多地表现为人们从电商平台购买的商品在社交平台上进行分享和传播，从而使商品在广大用户中名声大噪。对电商从业者而言，社交电商是对传统电商格局的重塑，一切缺少温度的卖家都有被市场无情淘汰的危险，人格化的销售更能拴住用户的心。对于用户而言，在沟通交流过程中能全方面地了解到商品真实的一面，从而避免买到不满意的商品。显然，社交电商玩的就是温度，被赋予了温情，使得商家和用户都能获得不一样的社交体验。

社交电商：强社交关系，弱电商交易

无论何种形式的商业形态，只要有庞大的用户基数，就可以在销售过程中为商家带来可观的销量。所以，用户等于流量，流量等于金钱。社交电商通过基于强社交关系分享和传递品牌价值、产品信息，才能聚集用户并全面大幅引流，实现流量的快速增长，并实现流量向销量的转化。所以说，社交电商，重在"社交"，其次是"电商"。

社交电商：精准投放，只给用户想要的

传统电商模式下，用户之间无法分享产品使用心得和使用体验，一切评判都来自用户评论。但这些评论是真是假无法判断，使得用户购买的商品往往不能令自己满意。

社交电商则是对传统电商短板的补充，用户在话题讨论、内容分享中就能顺理成章地了解产品的实用功能、产品体验。这样，反推到商家，则可以通过用户的话题讨论、内容分享，得知用户的真实需求，从而实现精准投放。

这样，商家投放的，正是用户想要的。

总之，社交电商的成功在于商家能找到自己所属的细分领域，在给予用户更多社交空间和自由的同时还能有效培植用户数量，从而建立起庞大的需求市场。此外，社交电商中融入了丰富的元素，使得购物变得更加有趣和灵动。这正是社交电商能够快速发展的根源。

如今，社交电商作为一种新型商业模式，代表着电商发展的新趋势和新方向，对人们的购物方式产生了越来越大的影响。学习社交电商运营与营销技巧，是广大新媒体从业者走社交电商之路的必选题。

本书共分为五篇，分别是趋势篇，充分阐释了社交电商的发展现状和发展契机；探究篇，分析研究了社交电商流量转化销量的要素、传统电商向社交电商转型的路径；技法篇，详细引入了社交电商运营思维、模式、实战技法；升华篇，系统介绍了基础流量引入、裂变流量增长、构建流量持续增长生态的方法；践行篇，全面剖析了当前经典社交电商的成功逻辑和玩法。本书通过通俗易懂的语言，借助丰富的操作实例，详细论述了社交电商成功运营以及快速变现的秘密。

本书从细节出发，旨在指导社交电商从业者获取成功的运营方法和技巧，帮助从业者在社交电商浪潮中斩获流量，赢得销量，快速实现人生事业的腾飞。

吴帝聪
2022年1月

第一篇
趋势：社交与电商融合成后电商时代的"新风口"

第一章　未来已来，社交电商风暴疯狂来袭

第一节　后电商时代，传统电商进入衰退期　　　　4

第二节　"社交+新零售"成为中小商家必选的新出路　　6

第三节　"社区+社群+社交"成为电商主流　　　　9

第四节　拼多多强势逆袭引来电商格局大洗牌　　　12

第五节　电商巨头转战社交电商跑马圈地　　　　15

第二章　社交电商迅速发展的契机

第一节　移动互联网社交的迅速兴起　　　　20

第二节　全新消费力和消费行为的释放　　　22

第三节　微商的进化和升级　　　　　　　　24

第二篇
探究：发现万亿社交电商爆发的背后

第三章　社交电商核心要素助推流量转化销量

  第一节　流量：流量就是购买力　　　　　　　　　　　30

  第二节　内容：有内容，社交电商才有灵魂　　　　　　32

  第三节　场景：创新消费场景才能激发购买　　　　　　38

第四章　传统电商社交化转型的创新路径

  第一节　经营逻辑：从"卖货"到"经营人"的转变　　　　46

  第二节　组织架构：从"中心化"流量到"去中心化"流量的升级　51

  第三节　购物形式：从"去消费"到"在消费"的转变　　　54

  第四节　生态模式：从"集市生态"到"购物生态"的转变　57

第三篇
技法：社交电商运营的实操术

第五章　思维方式决定社交电商的运营结果

  第一节　网红思维：网红经济有效吸引精准粉丝　　　　64

  第二节　社交思维：整合关系资源，在人脉中快速渗透　66

  第三节　信任思维：建立信任，聚拢碎片化流量　　　　69

第六章 最有"钱途"的七大社交电商运营模式

第一节 "电子商务 + 社交"模式	74
第二节 "社交平台 + 电商"模式	79
第三节 拼团型平台模式	81
第四节 分享砍价模式	86
第五节 微分销模式	89
第六节 三级分佣模式	92
第七节 C2B 定制团购模式	94

第七章 社交电商运营实战技法

第一节 无分享，不社交；无社交，不成交	98
第二节 寓购物于娱乐，消费更轻松	100
第三节 精准"杀熟"才能杀出未来	104
第四节 创始人为品牌发声	107
第五节 全面提升用户体验	110
第六节 品牌跨界与共享	114
第七节 注重用户参与感	117

第四篇
升华：构建流量持续增长体系及变现流程

第八章 基础流量引入

| 第一节 礼品引流 | 124 |

第二节　红包引流　　　　　　　　　　　　126

　　第三节　抽奖引流　　　　　　　　　　　　128

第九章　裂变流量增长

　　第一节　裂变流量　　　　　　　　　　　　132

　　第二节　红包裂变　　　　　　　　　　　　134

　　第三节　视频裂变　　　　　　　　　　　　135

　　第四节　社交群裂变　　　　　　　　　　　137

　　第五节　社交圈裂变　　　　　　　　　　　138

第十章　构建流量持续增长生态

　　第一节　微信　　　　　　　　　　　　　　142

　　第二节　微博　　　　　　　　　　　　　　145

　　第三节　直播　　　　　　　　　　　　　　147

　　第四节　短视频　　　　　　　　　　　　　149

　　第五节　小程序　　　　　　　　　　　　　151

第十一章　社交电商加速变现"七部曲"

　　第一节　定位：个人评估与精准定位　　　　158

　　第二节　选品：好产品才有好市场　　　　　163

　　第三节　建圈：打造优质社交群　　　　　　167

　　第四节　找点：找准情感共鸣点，引爆社交圈　　172

　　第五节　培养：培养自我意见领袖意识，加速流量裂变　　175

　　第六节　透视：洞察目标顾客的心理　　　　180

　　第七节　爆破：成交策略加速成交　　　　　182

第五篇
践行：社交电商教科书级案例剖析与指导

第十二章　解析经典社交电商的成功逻辑

第一节　拼多多：演绎社交电商的极致玩法　　194

第二节　爱库存：用社交电商玩法去库存　　196

第三节　礼物说：用小程序发力社交电商　　199

第四节　蘑菇街：用微信小程序打造社交购物商城　　201

第一篇
趋势

社交与电商融合成
后电商时代的"新风口"

第一章

未来已来,社交电商风暴疯狂来袭

继电商的发展经历了传统电商、新零售之后,如今,社交电商凭借其社交的商业形态,开始秒杀传统电商,并且以疯狂之势打造全新的电商格局,使得零售业的市场份额不断被社交电商挤占和瓜分。未来已来,社交电商已经成为当下引领电商未来发展的新趋势,势不可当。

第一节 后电商时代，传统电商进入衰退期

自2004年淘宝崛起，淘宝成为电商行业"敢于吃螃蟹"的先行者，使得电商行业成为新兴行业。那时，只要有物美价廉或者稀世罕见的商品挂到淘宝上就能售卖。如果再懂点网络技术，能够投入时间和精力去经营，就能获得十分可观的收入。

然而，依靠电商发迹的人多了，再加上淘宝的商品种类和数量不断上升，就会吸引越来越多的人通过电商"淘金"，也使得传统实体店开始大幅向电商转型。与此同时，在市场份额有限的情况下，电商空间的不断扩大，对传统实体店的生存造成了极大的冲击，使得还来不及转型的传统实体店闭店热潮一度居高不下。

正当诸多传统线下实体商企还在思考如何嫁接电商，正当人们还沉浸在电商很新奇、很拉风的思想认知的时候，一大波电商数据已经充分表明，纯电商正在一步步进入衰退期。

当前，电商成本越来越高，其成本已经高于实体店：人工成本占11%，天猫扣点占5.5%，推广成本占15%，快递成本占12%，售后成本占2%，财务成本占2%，水电房租成本占2%，再加上税务，这样，如果达不到50%以上的毛利率，电商是很难实现持续经营的。

以天猫为例，其"双11"的成交额逐年大跨步增长：

2009年成交额为0.5亿元；

2010年成交额为9.36亿元，同比增长1172%；

2011年成交额为52亿元，同比增长455.6%；

2012年成交额为191亿元，同比增长267.3%；

2013年成交额为350亿元，同比增长83.2%；

2014年成交额为571亿元，同比增长63.1%；

2015年成交额为912亿元，同比增长59.72%；

2016年成交额为1207亿元，同比增长32.3%；

2017年成交额为1682亿元，同比增长39.35%；

2018年成交额为2135亿元，同比增长26.9%；

2019年成交额为2684亿元，同比增长25.71%；

2020年成交额为4982亿元，同比增长26%。

然而，这些华丽数据背后隐藏的却是天猫"双11"活动年增长率趋势的降低。

从以上数据不难发现，电商成本居高不下。长此以往，电商必然会迎来传统实体店遭遇的"闭店潮"。显然，电商不再是最佳商业模式。

那么，电商失势的主要原因是什么呢？

1.信息不对称

网购与线下实体店购买相比，用户对产品看不见、摸不着，只能在平台上依靠图文、视频、用户评价来了解产品，对于产品的真实性一无所知。再加上这些静态图片和极具摆拍和剪辑特点的视频录制，也只能对产品进行补充说明，并不能表达出产品实实在在的情况。基于这些，网购平台违规刷单现象滋生，更是扰乱了用户的视听，这进一步加剧了买卖双方之间的信息不对称性。

2.互动性较弱

传统电商平台上，用户能够与卖家互动的唯一渠道就是客服，而互动的形式也只是停留在一问一答的文字层面。虽然录制了视频，但却丝毫不存在与用户的实时互动，这使得传统电商的互动性较弱。

3. 与市场发展不匹配

电商平台的店家更像一个"十项全能"选手，尤其是规模较小的店铺更是如此。店家不但负责店铺运营，还负责产品供应链及与用户的沟通，这样店家就没有充足的时间和精力去思考与当下市场需求不断变化更加符合和匹配的全新商业模式，更无暇顾及店铺的转型。

4. 用户购买欲望减退

电商平台的流量增加缓慢，一方面，产品同质化严重，难以激起用户的购买欲望；另一方面，缺乏相应的互动和激励，难以激起用户的购买欲望。

基于以上几个原因，电商的增长空间逐渐被压缩，电商红利逐渐消失。所以，后电商时代，纯电商也像最初的传统零售业一样，沦为了传统行业。

第二节 "社交+新零售"成为中小商家必选的新出路

目前，大多数中小微商家正在集中火力向新零售挺进，所以他们将产品从线下搬到了线上。这样，中小微商家就从原来高昂的店面租金的烦恼中摆脱出来，但如何低价甚至免费获取流量成为其担心的焦点。在这种背景下，一种全新的零售模式——"社交+新零售"模式应运而生。

那么，什么是"社交新零售"呢？社交新零售是基于社交的线上、线下的融合。无论何种商业模式，都必须建立在人与人的关系上。换言之，社交新零售更加强调的是"社交"，确切地说，就是基于已有的社交关系来辅助零售业务的发展。这种社交关系不仅局限于线上微信号，也存在于线下彼此相熟的邻居之间。这里的"邻居关系"已经不再是简单意义上的"隔壁""对门"邻居,而是扩大到与周边店主之间的邻居关系。

社区新零售商业的基本逻辑是:先有用户需求,才会有市场,才需要市场供给,而人与人之间则将需求供给有效地联结起来。互联网的发展,使得人与人之间的社交方式发生了改变,这就为中小微商家走新零售道路提供了全新的出路。

微信是常见的社交传播工具,也是社交新零售的辅助运营工具。常见的就是社区中很多心思活络的水果店主、小卖部店主,会把社区周围前来消费的邻居都加为微信好友,然后利用微信做营销传播,并且实现线上下单支付、线下配送的服务。通过这种做法,店主可以获得非常可观的销售额。当前,利用微信卖水果已经成为一种全新的零售形式,成为一种零售常态。

优鲜果妮是一个由大学生利用微信公众号打造的零售平台。其创始人许熠当时大学还未毕业。一个偶然的机会,他发现学校的女生绝大多数爱吃水果,如果用微信卖水果必然大有赚头。于是,他免费申请了一个微信公众账号,"优鲜果妮"这个微信零售平台正式上线。

之后,许熠在学校里四处发放宣传单。为了能够快速涨粉,他还推出了"一个关注一块钱"活动,同时还推出邀好友送优惠券活动。在这样的强势宣传下,仅三个月时间,优鲜果妮就拥有了4920个粉丝。除此之外,许熠还推出各种水果套餐;如果有粉丝丢失东西,他就在微信上用强大的粉丝团为失主寻回;除了售卖商品,他还利用微信为粉丝推送天气预报……在许熠的努力下,优鲜果妮一天的营业额可以达到1500元左右,一个月的收入可以达到4万多元。

如今,优鲜果妮的业务已经不再限于销售水果,还积极引进诸多商家入驻,进一步扩大到零食、化妆品、电子数码、麻辣烫、奶茶、鸭脖等领域

(见图1-1)。用户通过优鲜果妮下单，就可以坐等送货上门了。借助优鲜果妮平台，用户拥有了很好的购物体验，感受到了微信平台购物的便捷。

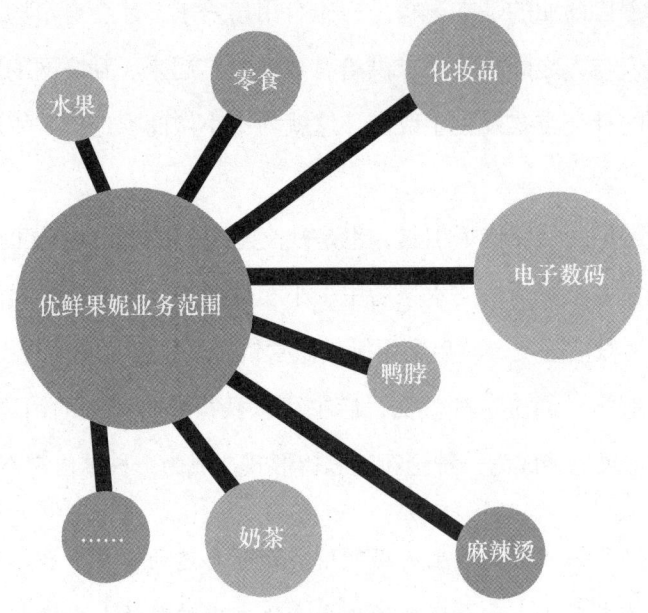

图1-1 优鲜果妮业务范围

显然，这种社交新零售能够为中小微商家带来极大的盈利，是中小微商家的最佳出路。那么，社交新零售中蕴含着什么盈利秘密呢？

1. 全民传播是王道

基于社交的商业模式中，"信任"是一个非常重要的基础条件。人与人之间通过分享的方式，向朋友、亲人、同事等表达自己对购买某一产品后极致的使用体验。这样，对方无论是出于亲情、友情，还是的确对该产品有一定的需求，都会选择购买该产品进行尝试。然而，在当前产品同质化日益严重的情况下，商家的产品要想在相似度极高的产品中脱颖而出，做产品广告宣传显然不是最佳途径。人与人之间的口口相传才是最好的宣传方式，且这种方式对于企业而言，成本低，无论产品、品牌还是企业的知名度都能快速提升，而且转化率高。

2.形成你好我好大家好的利益共同体

"打土豪，分田地"，打土豪的目的就是人人分得田地。而在"打土豪"过程中，人与人之间形成了一个利益共同体，只有你好、我好，才能大家好。人与人之间关系的维护，除亲情、友情外，利益也是一种能够让彼此关系长存的重要因素。社交新零售就是在这种利益共同体的基础上建立起来的商业模式。

3.即时通信软件成为运营的主体平台

微信、QQ、微博、直播等是社交新零售运营的主体平台，商家可以借助这些平台，通过聊天、分享的方式宣传产品和品牌，并且完成用户下单工作。而用户可以到实体店亲自体验产品，或者参加线下活动，更好地了解产品。

4.社群是最重要的资源载体

社群往往聚集的是具有相同兴趣、爱好的人，社群能够进行持续的内容价值输出，社群成员能够共享社群中的利益或价值，还能参与话题讨论或互动活动，这些都能通过社交关系增加社群成员对社群的黏性，让社群成员更有归属感。社群在社交新零售的运营中，则是一个非常重要的资源载体，基于社群可以有效地打通用户资源，将社群成员接入商业运营中，以增加流量。

第三节 "社区+社群+社交"成为电商主流

随着时代的不断变化，使得零售的方式也在发生变化。然而，不同时代的不同零售模式下，零售形式的改变实际上是"人""货""场"之间关系的重构。

回顾以往，零售模式的发展主要经历了三个阶段（见图1-2）。

图1-2 零售模式的三阶段

第一阶段：以"货"为主（时间：21世纪之前）

在这个阶段，货品稀缺，哪里有货，哪里就有市场，无论相隔千里万里，消费者只要有需求，都能跑去购买。

第二阶段：以"场"为主（时间：21世纪开始）

在这个阶段，货品逐渐开始丰富，哪家店铺的货品更加丰富，用户就会倾向于哪家店铺完成一次性选购。再加上互联网的不断发展和普及，如淘宝、京东等大型电商购物平台，以及沃尔玛、欧尚等线下大型购物商超，用户在这类平台和商超购物，能够有更加丰富的货品供自己选择。

第三个阶段：以"人"为主（时间：现阶段）

在这个阶段，用户的刚需已经得到满足，但个性化需求难以快速实现。市场新的痛点着重放在如何用最简单、最便捷、最快速的方法满足用户的个性化需求、为用户提供个性化产品和服务。在这个阶段，精准的商品供给已然成为重点，而实现这一点的一条重要渠道就是让每个人都成为推荐和分享商品的个体。

显然，在零售3.0时代，"推荐"和"分享"成为实现以"人"为主零售的重要途径。然而，随着当下社交平台的层出不穷，恰好为以"人"为主的零售3.0时代的发展提供了机遇。"社区+社群+社交"成为以"场"为主电商模式之后的主流。

那么，社区、社群、社交之间有什么区别和联系呢？

社区是一群人的聚集地，而社群是一群或者一个中心化领袖有制度、有目标地建立和主导，形成的一个精神和利益共同体。社群成员之间自发互动、交流就是社交。当然，社群成员之间的社交可以是熟人之间，也可以是陌生人之间。大家为了满足兴趣、参与感、归属感、存在感而走到一起，在社群内彼此推荐和分享自己心仪的产品，从而提升产品销量。

自2017年开始，很多农产品基地的水果爆品开始在城市社区居民中热销。然而，其热销渠道与以往有所不同，既不走大型商超，也不走线上电商平台，而是选择走小区微信群，通过一个社区合伙人在线搭建社区微信群来卖水果、卖生鲜，实现快速团购和分销。

微淘是阿里巴巴淘宝版本的改版，以内容社区为主，还上线了购物之前的问答社区——问大家，以此与用户交流，引导用户互动。

以内容阅读和分发而崛起的今日头条于2018年1月开始走上电商之路，打造了电商平台——值点。其以内容社区里的信息流换成商品流进行运营。

其实，这些网络内容平台的运营方式都是先沉淀大量用户，之后在大规模用户的基础上涉足电商，然后通过电商渠道变现。这种变现方式与传统电商相比，更加增强了互动和社交的频率，使交易更加容易，为商家带来更大的利润空间。

那么，"社区+社群+社交"能够成为电商主流的具体原因是什么呢？

1. 社区和社群背后隐藏的是大规模流量

社区和社群本身就是人群广泛聚集的地方，有人的地方就有流量，就有交流。而流量恰好是电商运营中不可或缺的重要元素。通过彼此之间的交流能够吸引更多的人参与进来，进而获得更多的流量，有流量就会有销量。

2. 社区和社群的内容输出有效增加用户黏性

除了小区可以是社区之外，如微博、朋友圈、抖音、知乎等，其本身就是人群聚集的地方，同样可以看作社区。社区中凝聚的人气越高，则社群价值就越大。社群用户的内容输出越多、越有价值，则越具有强吸引力和黏性，越能够吸引用户，让其更加愿意花时间和精力去关注相关产品。

3. 社区和社群对用户是天然的联结纽带

社群成员聚集在一起，就是为了实现共同目标和价值，显然社群对用户而言，是一条天然的联结纽带。通过这样的联结纽带，吸纳更多的人参与进来，以增加流量。

所以，在当前这个物质和信息极其丰富的时代，社区、社群使电商这种业态与用户之间的距离越来越近，使得个体意识和价值观意识得以觉醒、消费主导思想得以觉醒。围绕相同意识和思想，全新的消费人群和消费理念正在崛起，而基于社区、社群的社交电商必然成为电商发展的主流。

第四节　拼多多强势逆袭引来电商格局大洗牌

自1997年以来，电商行业的发展已经经历了20年的风雨。在这20年里，在一场场"血雨腥风"的"厮杀"后，阿里巴巴以绝对优势登上电商江湖大佬的宝座，无疑成为电商行业的巨头，在该行业的很多年里独领风骚。

随着互联网发展进入移动互联网时代，京东、唯品会等后起之秀以独有的优势在电商领域寻找新的增长点，并占据了电商领域的半边天。此时，

第一章
未来已来，社交电商风暴疯狂来袭

阿里巴巴、京东、唯品会以不可抗衡的力量在电商领域中形成三足鼎立的局面。

然而，在这种看似格局已定的情况下，拼多多却横空出世。拼多多一路凭借低价、砍价、拼团、分享推荐等策略，在电商发展的夹缝中，从传统电商的"买买买"到自身的"拼拼拼"，强势逆袭。拼多多不仅为自己拼出了全新的未来，更重要的是对电商格局进行了一次大洗牌。

拼多多于2015年9月成立，在之后的3年时间里纵身一跃跻身国内前3大电商平台，取得了令人吃惊的成绩。

拼多多上线仅两周时间，粉丝数量超百万。

2016年1月，拼多多单日交易量突破1000万元。

2016年2月，付费用户数量达到2000万。

2016年7月，拼多多向外宣布完成了共1.1亿美元的B轮融资，其投资方有高榕资本、新天域资本以及腾讯。

2017年7月，拼多多宣布付费用户数量已经破2亿，月成交量达到了30亿元。

2017年10月，拼多多长达1个月的时间占据iOS总榜及购物类第一名。

2018年7月，拼多多正式上市，市值达到240亿美元。

2019年年底，拼多多年成交额突破万亿大关。

2020年，拼多多年活跃买家数量达到7.88亿。

拼多多一路走来，成长速度惊人，如"开挂"了一般。拼多多所取得的成绩，就连当时的淘宝和京东都不能与之匹敌。那么，拼多多是如何让自己所向披靡的呢？

答案就是：拼多多是基于强社交关系，低价诱导分享的社交电商。拼多多能够成为社交电商中的佼佼者，主要是因为其眼光独到，看清了当下市场发展的趋势。

1. 低价打法瞄准三四线以下城市女性

2020年7月25日举办的中国互联网大会上发布的《中国互联网发展报告2020》中显示："截至2019年年底，我国移动互联网用户规模达到13.19亿元，占据全球网民总规模的32.17%。2019年，我国电子商务交易规模为34.81万亿元，已经连续多年位居全球电子商务市场首位；网络支付交易总额为249.88万亿元。农村网民数量突破2.5亿元。"

从以上数据不难看出，农村网购显然是一个巨大的市场。

拼多多作为主打低价的平台，与三四线城市的核心消费需求相吻合，给拼多多带来了巨大的契机和流量。拼多多用户中，70%是女性，25～35岁的用户占用户总量的57%。这部分用户，一方面，她们的年龄较为年轻，是网络用户中的主力军成员，且较其他年龄段有较广泛的社交圈子；另一方面，她们大多为已婚女性，又更加精于生活的精打细算。所以借助社交的力量进行拼团购物成为她们网购的主要方式。

虽然国民生活不断提升、消费能力不断升级，但收入的严重差距带来消费能力的差距。相对于唯品会这样的走高端、精品路线，瞄准一线城市市场的电商平台而言，拼多多看似是消费降级，但对于三四线以下的用户而言，拼多多正好是能够满足其消费需求的平台。用户需求的提升，给拼多多带来的恰好是消费升级。

2. 将微信作为获客的重要渠道

截至目前，微信活跃用户量已经超过12亿，这样微信成为一个天然的流量池。拼多多选择与微信合作，入驻微信，就是在利用微信这个巨大的流量池来获取用户。当前，微信已经成为一个几乎人人都在使用的社交平台，拼多多嫁接于微信，为其走社交电商的道路做了很好的铺垫。

总之，拼多多通过社交电商的运营模式，借助微信的强大社交能力，将市场下放到三四线城市及以下，并且凭借综艺广告中非常有"魔性"的广告词，在电商领域实现了爆发式增长。这使其他电商企业难以望其项背。

第五节 电商巨头转战社交电商跑马圈地

在以往传统电商的销售方式是货架式的，用户进入电商平台直接搜索自己想要的商品即可。

然而，随着拼多多的横空出世，使得社交平台中分享和互动的方式，不但能为商品"种草"，刺激用户频繁切换购物平台，还能使社交好友之间相互帮忙砍一刀，以超低的价格抢购各种商品。

在拼多多借助这种社交电商模式的大幅聚集流量的同时，传统电商开始坐立不安，想方设法与社交电商接轨，寻找更好的新路子。阿里巴巴旗下淘宝推出低价拼团App"淘宝特价版"、京东将"京东拼购"转战社交电商、苏宁上线"苏宁拼购"、唯品会推出"拼团"。

1. 淘宝特价版

淘宝在传统电商领域可谓是"大哥大"，积累了不少运营经验，也吸引了不少流量。然而，拼多多的迅速崛起，使得阿里这样稳坐电商宝座的巨头，也开始有了出乎意料的劲敌。

经过多年来在电商领域创富的经验和数据积累，淘宝发现价格排序是绝大多数用户的习惯动作，他们更加青睐"便宜货"，只要便宜，即便不用花一分钱做任何广告，都能将商品排在搜索结果的最前列；而且几乎所有店铺都会推出一些超低价的商品，以达到走量和引流的目的。

淘宝为了转战社交电商，改变策略，打造了一个让用户一进来就能看到"便宜货"的页面，这样既能满足广大用户的需求，又能体现出淘宝的格调。此外，移动互联网的出现使得用户变得越来越懒，他们更加愿意接受App页面上的推荐。所以，基于这些现状和原因，淘宝推出了"淘宝特价版"，以此重新聚集商家"便宜的力量"，达到快速引流的目的（见图1-3）。

图1-3　淘宝特价版

"淘宝特价版"的推广是十分接地气的，采用了时下非常流行的"邀请返红包"模式，即用户每邀请一位新淘宝用户注册，最高可获得10元红包，并且新注册用户每次购物都会返还给用户红包。

2. 京东拼购

在阿里巴巴转战社交电商之际，京东作为电商领域中颇有分量的一方，自然不会在社交电商领域缺席。其实，京东早在多年前就已经在社交电商领域有所布局。

2014年，京东与腾讯合作，通过微信打开了购物入口"京东微信购物"，该入口的主要运营模式就是砍价、裂变红包，而且在当时做得非常成功。2015年，京东还推出了"拼购"模式，只是当时京东只把这种"拼购"模式当作众多玩法中的一项模式加以应用。

之后，京东开始对自身业务进行全面规划，并且根据当前用户的消费趋势以及需求变化等正式推出了"京东拼购"，后更名为"京喜"，开始向社交电商全面发力。目前，"京喜"所覆盖的渠道众多，包括京东App、微信购物入口、手Q购物入口、京东购物小程序、京东微信服务号、移动端页面六大渠道。

京东所提供的数据显示："2020年11月11日前，京东京喜平台订单量近1500万，App日活跃用户同比增长260%。京喜已经布局183个产业带，帮助1000余商家销售额破千万元。"事实证明京东发力社交电商是非常成功的。

3.苏宁拼购

苏宁作为国内排名前三的电商，在阿里巴巴、京东杀入社交电商之余，也表现出积极凶猛的一面，推出"苏宁拼购"。

其实，"苏宁拼购"早在2016年就已经成立，如今苏宁确定正式进入社交电商领域，于2018年7月底，在积蓄了两年力量之后，"苏宁拼购"才正式亮相于行业。并在此之后，打造了社交电商第一个IP购物节——"88拼购日"，喊出口号"正品拼购上苏宁"，这意味着"苏宁拼购"开始正式"发声"。

此外，苏宁还将"苏宁拼购"与"苏宁易购"强强联手，以"父子"关系相互帮衬，相互提升影响力，吸引更多流量。

在2020年8月8日,"苏宁拼购"超级拼购日当天,订单量同比增长200%,上百款单品销量突破十万单。

4. 唯品快抢

唯品会虽然每天的流量很多,却在社交方面毫无建树。在众多电商巨头转战社交电商之时,唯品会也看到了社交的重要性,启动社交电商计划。唯品会入局社交电商,主要做了两方面尝试:

(1)云品仓。2018年7月,唯品会上线了C端微信小程序"云品仓"。"云品仓"主要走"轻电商"路线,吸引个人卖家精选自己喜欢的商品推荐给其他人,将人与人之间的社交性与商品紧密结合在一起,成为微信生态中十分新颖的玩法。在"云品仓"上线当天,加入店主的数量就暴增至20000+。

(2)唯品仓。推出了"唯品仓"购物App。该App应用的主要目的是解决分销领域的供需痛点,实现从供应链到销售链的一条龙服务,即一端对接品牌方,拿一手正品低价货源,另一端连接小B客户群,借助微信、QQ等社交平台,融合"特卖+仓库+社交"等核心元素。

显然,各电商巨头在社交电商领域跑马圈地,无疑使得社交电商成为时下全新的风口。

第二章

社交电商迅速发展的契机

社交电商的概念在电商领域出现已经有四五年时间，但社交电商在实际运营方面并没有得到很好的突破。近年来，社交电商以迅雷不及掩耳之势成功"上位"，成为电商领域的新风口。任何事物，无论以何种态势发展，都有其原因，社交电商也不例外。社交电商能够迅速发展，也是在一定的契机推动下得以实现的。

第一节 移动互联网社交的迅速兴起

近年来，社交电商成为电商领域的焦点，成为一个全新的风口，受到传统电商和创业者的青睐。那么什么是社交电商呢？社交电商作为电子商务的一种新模式，使得社交电商通过人际关系网络，借助社交媒体，如微信、微博、直播等工具，通过社交互动、用户生成内容等手段促进内容转发形成二次传播，同时还将关注、分享、互动等社交元素应用于交易中，达到快速引流、大幅提升销量的目的。

社交电商是基于网络社交平台实现的电商变现创新模式。社交电商红利的到来，是建立在社交基础上的，尤其是移动互联网社交的迅速兴起，为社交电商的崛起带来了契机。

那么，如何看待这个契机呢？

1. 移动互联网社交用户规模巨大

随着传统互联网社交化、移动化特点的日趋凸显，移动互联网更加受到当下用户的青睐。移动互联网用户的激增，使得移动社交发展的势头正盛，也由此给社交微信平台和移动淘宝平台带来了巨大的核心流量，成为流量的超级入口。

而移动社交网络的多元化特点也为众多企业和创业者发展社交电商带来了诸多机遇，主要体现在：

（1）开放社交。移动互联网时代，人与人之间的交流更加便捷和开放，实现了无界交流。哈佛心理学家斯坦利·米尔格兰姆的六度空间理论认为，一个人与陌生人之间的间隔不会超过六个人。这就意味着，社交圈子看似一个巨大的网络，但基于共同的爱好、兴趣等因素，陌生人之间转化为熟人关系是十分容易的。而移动社交应用的层面更多的是陌生人交友领域，尤其在垂直细分的陌生人交友领域。基于此形成的熟人关系，能够更好地应用于品牌传播和电商的口碑传播。

（2）私密社交。英国人类学家罗宾·邓巴提出了一种理论，即私密社交。该理论认为："在任何时候，人们最多能与大约150人维持稳定的社交关系，其中50个是你值得信任的朋友，15个好朋友，5个最好的朋友。"而这150个私密好友，正好是打造高质量社交网络的基础，通过私密社交，彼此分享生活瞬间、推荐自己感兴趣的内容。分享和推荐的内容不但包括兴趣标签设定，还涉及地理位置周边店铺的推荐，降低用户时间成本的同时，还可以实现精准营销。这就为移动社交电商的逐步发展提供了一定的方向。

2. 移动智能设备成为标配

社交电商的发展，离不开一个重要的载体，那就是移动智能设备。如今，移动智能手机、平板电脑已经成为人人的标配，使得社交电商的出现成为可能。

据国家统计局、智研咨询的数据显示：2021年QI（第一季度），我国移动智能手机销量为9240万台，相比2020年第一季度增长了27%。虽然2020年受到新冠肺炎疫情的影响，但移动智能手机的销量依旧处于正向增长态势。

移动智能设备为社交电商的发展带来的机遇主要有两个方面：

（1）便捷性、便携性，使得社交化电商随时随地进行。移动智能设备往往能够连接3G、4G、WLAN和Wi-Fi，从而具有网络无缝覆盖的特点，甚至当前在很多实体店如商超、咖啡店、地铁等，已经实现了免费Wi-Fi覆盖，再加上移动智能设备本身体积小、携带方便的特点，用户无论在何时何地，都可以轻松使用网络实现人与人之间的社交，同时还能利用流量浏览网购平台、观看直播。这就为用户随时随地借助社交化电商购物提供了极大的便利。

（2）即时性、精确性，使得社交化电商营销更加实时、精准。互联网具有"短、平、快"的特点，移动互联网自然也不例外，这就使得信息传播更加具有及时性。另外，用户借助移动智能设备，通过微信、QQ等社交工具交友、构建社群，将自己发现的"好物"直接分享和推荐给好友，使得基于社交化的电商实现实时、精准营销。

总之，移动互联网社交融合了移动互联网、手机终端和社交网络的优势和特点，并且相互之间得到了很好的互补。大多数情况下，基于移动互联网的手机用户之间的信任度和可靠性更高，这就为移动社交的发展提供了很好的基础，更为社交电商的迅速发展提供了大好机会。

第二节　全新消费力和消费行为的释放

电商的出现给传统零售带来了生机，而电子商务与社交媒体相结合，更是为零售市场注入了鲜活的力量。在众多传统电商巨头和以拼多多为代表的社交电商巨头分食社交电商用户的背后，却隐藏了社交电商风光无限的原因。社交电商释放全新消费力和消费行为，就是原因之一。

每个时代都会有不同的用户成为全新的消费主力军。只有那些最敏锐的市场领导者才能意识和洞察到消费主力军的变化特点。当前，社交电商盛行，"社交+电商"模式中，重点是"社交"，而"人"在社交电商环节中所起的作用是至关重要的。这种主流电商模式的诞生是在迎合人们不断变化的消费习惯的基础上实现的。所以，深入关注时下全新的消费力，是社交电商发展必做的科目。

当前，"95后"是社交电商的消费主力军。在移动社交发展时代诞生的"95后"，喜欢用互联网记录并分享自己的内心世界，甚至将生活和学习都融入了互联网。因此，在电商们或许刚刚掌握了"80后""90后"的消费喜好和特点的时候，"95后"已经成为时下全新的消费力"初长成"，并具有一定的消费规模和特点，这是电商们所不容小觑的。

根据咨询公司埃森哲发布的《全球95后消费者调研中国洞察》报告中的数据显示："95后"出生的人口接近全球人口的1/4，而在中国，"95后"群体规模已经接近2.5亿。

麦肯锡相关数据显示：在消费主群更替下，"95后"及低线级城市的消费增幅正以2倍的速度增长。其中从现在到2030年，"95后"对中国消费的贡献将增长20%以上，高于其他任何人口类别。

"95后"作为伴随互联网长大的一代，可以称得上"互联网原住民"。如此规模庞大的消费群体，在互联网潜移默化的影响下，不仅消费能力快速增长，消费习惯也独具一格。

1. 网购与门店渠道皆钟爱

"95后"与"80后""90后"相比，对网络的依赖性表现得更加强烈。他们在网络平台选购各种产品，如电子产品、杂货、美容产品、服装类产品。但与此同时，他们也表现出对门店的钟爱之情。因为他们十分注重体验，所以他们通常利用移动设备对线下产品价格进行比较，也会用社交媒体和移动设备与好友和家人远程交流，以征求选择意见。

2. 不但喜欢社交聊天，而且乐于社交购物

相比较而言，"95后"进入消费市场的时间比"80后""90后"要稍微晚一些，但他们对社交聊天和社交购物却情有独钟。他们不但熟练使用QQ、微信等社交软件，还能轻松应用更加丰富多样的社交平台，如直播等进行聊天、购物。

3. 更喜欢直接发表自己的主张和观点

"95后"更加热衷于发表和分享对一些事物的观点和看法，他们往往喜欢在朋友圈分享自己购买的某一产品，并强力推荐自己的好友也尝试购买同产品。

"95后"作为新时代的消费主力军，社交、互动、体验、分享成为当前他们的主要消费需求。而这些消费特点，就需要有一种全新的商业模式来满足。社交电商就是在这些消费需求的基础上催生出来的商业形态。

▶▶ 第三节 微商的进化和升级

在传统电商发展如火如荼之际，微商开始崛起，并全面抢占流量。运用微信群、朋友圈就能分享自己的产品，这为小微个体的发展开辟了一条全新的发展途径。

微商能够以一种特有的形态"存活"于市场，是因为微商具有以下几方面特点：

■ 去中心化：微商是由个体经营的，不存在官方商城。这样，每个微商进行去中心化的自主经营。

- 收入来自返利或差价：微商的收入通常是与自己的销量挂钩的，销量越高，所赚取的差价越多。同时还可以通过发展代理赚取返佣利润。
- 代理模式：微商的主要盈利模式是做代理。从品牌商代理到中小代理再到消费者的商品流通，进行层级分销。

正是因为这些特点，使得微商的货大多没有进入市场，没有广泛覆盖消费者，很多时候微商的货积压在各层代理手中。这也是微商的弊端。

社交电商是通过社交、口碑、互动、分享的功能来实现电商变现的。微商和社交电商都是通过微信等社交工具形成的社交零售电商，且都是以人为中心，凭借人与人之间的信任关系而发生裂变，增加流量的。但社交电商却与微信走了完全不同的方向。主要表现为：

1.个体与群体的区别

微商虽然是个体经营，但入驻的门槛却比较高。除需要投资拿货外，还需要拿出一定的资金经营朋友圈、做产品可见培训等，以此来达到引流的目的。同时，一切售后的相关流程业务，包括发货、物流、售后等几乎都需要个体独立来完成。

社交电商则是一个业务一体化平台，并且平台为信任背书。无论是商品上货、售前、售后，还是物流，所有业务都由平台完成。店主唯一要做的就是思考如何实现流量的裂变，如何给用户带来满意的体验，如何借助社群组织以及相应的社交工具，在粉丝的基础上实现电商变现。当一切做到位时，就能够坐等收益了。

2.商品类目、数量不同

微商所服务的大多是某一单一品牌，甚至是一款产品，这样，销售的商品就非常单一。再加上出货的形式是层层分销，由于担心把货全部积压在手里，导致资金无法短时间内回笼，所以在每个分销商手中上货的商品数量也相对较少。

社交电商平台上的综合类目丰富，所包含的种类繁多，商品一应俱全。但社交电商平台没有设定高门槛，所有用户都是消费者，同时也是分享者。用户能在购物时享受平台的优惠和折扣，分享成交也能获得相应的红包奖励，这又在一定程度上促进了成交量的增长，因此，社交电商平台无须忧虑商品积压问题，时刻拥有充足的商品。

3.复购与存留存在区别

微商由于一些店家经营不当，所以产生的负面评价比较多。而造成这种结果的最主要原因就在于，微商所经营的大多数产品在追逐市场热点的基础上策划，并由代工厂生产的爆品，在对产品进行包装后形成了自有品牌。但绝大多数微商往往为了追逐利润，在产品的品质上难以做到严格把关，所以其所谓的"爆品"实际上并不能真正满足消费者的需求。这正是许多微商的产品生命周期短，甚至不超过三个月，最长不超过一年就下线，然后重新策划产品推上市场的真正原因。然而，这种周而复始的恶性循环显然不能让消费者成为其忠实粉丝，更不可能带来高复购率，不能保证用户的留存率。

社交电商的消费者中，绝大多数来自综合电商平台，不少消费者往往因为周围朋友、亲人、同事的推荐而来。所以，社交电商是建立在社交的基础之上的，粉丝基础比较牢固，用户的复购率、留存率都比较高，甚至可以在较长时间购物之后，将社交电商平台购物形成一种定式思维和习惯。

显然，社交电商类似于微商，却与微商之间存在很多不同之处，是微商发展到一定阶段的迭代和升级。未来，做不好社交，商业就很难进行，社交电商将成为最佳电商模式。

第二篇

探究

发现万亿社交电商
爆发的背后

第三章

社交电商核心要素助推流量转化销量

任何商业模式，其最终目的都是快速引流，然后将流量转化为销量。简单而言，社交电商是电子商务和社交媒体的融合，以信任为核心的社交型电子商务模式。社交电商作为一种商业形态，自然目的相同。社交电商有三个核心要素：流量、内容、场景，把握好这三个核心要素，对于提升销量大有裨益。

第一节 流量：流量就是购买力

社交电商的重要聚焦点是销售的转化，而这一切都是以"流量"为基础。

所谓"流量"，就是获取新用户。如今"流量"已经成为一个大众词汇，从古至今，任何一家店铺要想将产品卖出去，必不可少的就是获取流量。

在古代，获取流量的方法是在店前街上拉客，这种方法既简单又粗暴，效果微乎其微。随着时代的进一步发展，电视广告、广播广告、小传单广告成为新的获客方式。这种方式虽然有一定的成效，但获客成本较高。时代在不断进步，互联网、移动互联网的快速发展，使得获取流量的方式也发生了极大的改变，同时获取流量的成本也大幅降低，在此基础上实现了销量大幅提升，从而收获可观的利润。

销量=流量×转化率。销量的提升，首先需要提升流量。社交电商时代，提升流量的方法如下：

1.内：自有"鱼塘"引流

通俗点来讲，"鱼塘"就是积累人群，将人源源不断地积累到自己的"鱼塘"里，并让"鱼塘"不断产生价值。传统电商平台和社交电商平台都可以看作一个大的"鱼塘"，亿万个平台用户在传统电商平台上下单购物，每天为平台带来几十亿营收。在传统电商平台的基础上推出社交电商平台，可以将原有的传统电商平台上的用户转移到社交电商平台之上。而作为用户，则因为有购买需求，自然而然地愿意自主切换，成为新建社交电商平台上的用户。当然，再加上用户乐于分享的习惯，就自然而然地成为平台的免费广告投放渠道，从而吸引用户身边的朋友、亲人、同事等下单购买。这个过程就是社交电商自由"鱼塘"引流的过程。

以京东为例。京东作为电商巨头之一，本身就在多年的运营过程中积累了不少流量。如今，京东打造的"京东拼购"社交电商模式，其很大一部分流量来自京东平台早年的流量积淀，是从京东电商平台迁移而来的。

社交电商在自有"鱼塘"引流时，需要注意以下三点：

（1）精准程度。在传统电商平台和社交电商平台对接"鱼塘"的时候，切勿莽撞，一定要做好初步调查，否则自己认为的精准"鱼塘"，很可能传统电商平台上的用户并不是社交电商平台所需要的目标用户，这样一切努力都将白费。

（2）潜在用户。在向"鱼塘"引流的过程中，除了注重精准引流之外，还需要多关注潜在用户的数量。挖掘潜在用户，就能为"池塘"带来更多潜在的精准流量。

（3）"塘主"口碑。在对接"鱼塘"的过程中，要想引入精准流量，还有一个非常重要的因素，就是"塘主"的口碑。为何在大街上发传单引流不能达到理想的精准度？关键是缺少信任。只有建立在对"塘主"信任的基础上，用户才能因为"塘主"的好口碑而自主转流。

仍以京东为例。京东在国内电商行业中，稳坐第二把交椅，可以称为传统电商领域的领头羊之一。京东主要以自营为主，兼顾第三方，并且较其他同类电商平台，京东主要的优势是服务好、物流快。这些都为京东这位"塘主"积攒了好口碑。

2.外：借别人的"鱼塘"引流

社交电商平台要根据自己的产品或业务类型来确定自身搭建什么类型的社交电商平台，或者选哪种社交工具，从而帮助自身有效拓展业务量，如微信平台、直播平台等。微信平台、直播平台上原本聚集了规模十分庞大的用户，如果利用微信平台、直播平台这类"鱼塘"的合作与帮助，将其用户引入自己的"鱼塘"，这对快速增加自身流量可以达到事半功倍的效果。

为了争夺行业话语权，越来越多的电商平台效仿拼多多，争相推出社交电商渠道，希望能够为自身带来更多的流量。

此处依旧以京东为例。京东基于腾讯微信和QQ入口打造"京东拼购"作为全新"鱼塘"，将微信和QQ的用户转化为自身流量，实现快速引流。

总之，社交电商只有充分挖掘流量，并发挥流量的杠杆作用，才能达到大幅提升销量，创造亿万盈利的目的。

▶▶ 第二节　内容：有内容，社交电商才有灵魂

电商的本质是零售，核心是"货"；社交电商的本质是"社交"，核心是"人"。如今，已经进入一个饱和、竞争越发激烈的电商新时代，社交电商以全新的形态示人，品牌如何在传统电商领域实现突围、占领一席之地？内容运营是关键。

那么，究竟什么是内容运营呢？内容运营是通过品牌广告、品牌故事、品牌形象、热点事件等形式，给消费者营造一种与产品或品牌有关的"美好的情感"或"美好的场景"，再加上贴合自身特点的运营技法，达到吸引流

量、提升销量的目的。

钻石本质上是由"碳元素"组成的，所以钻石最早的名字叫作"石炭"，但这样的名字很难让人感知钻石的珍贵与尊贵，也没有哪位女士喜欢每天戴着"碳"出门。后来"石炭"就改名为"金刚石"，虽然听起来非常刚毅，但对于佩戴它的女性而言，需要用更多的柔美的东西来体现她们的高贵，所以最后将"金刚石"又改为"钻石"。这个名字更加富有感性、柔美和美好的一面，所以深受女性的喜爱。"钻石恒久远，一颗永流传"，这则广告语既体现了爱情像钻石一样珍贵和永恒，又在"润物细无声"的过程中让钻石的价值瞬间提升到了一个新的高度，传递出一种美好的情感。

1. 社交电商需要内容运营在于消费者消费习惯的改变

我们为什么要在社交电商中做内容运营呢？原因就是用户消费习惯的改变。

（1）从单独评估到联合评估。在以往，用户在淘宝、京东这样的平台购物之前，总是要"货比三家"，再根据产品品质下单。随着产品同质化现象日益严重，用户的购买思维发生了变化，单一的商品对比使人们产生价格对比的心理效应，然而往往同种商品的价格高低相差很多，这就给用户带来诸多不确定性，影响其购买决策。

如今，产品品质、价格、评价等评估已经不足以勾起用户的购买欲望，而被赋予了内容之后的产品，则成为用户联合评估的一个重点方向。用户在综合产品品质、价格、评价，再加上自己喜欢的内容后，才会下单。

（2）从理性消费到感性消费。以往，用户不会看一家店铺的商品之后就决定购买，而是在其他店铺中对产品的质量、价格、用户评价等信息进行详细对比，然后综合实际情况再做出购买行为。

如今，毫无购买欲望的用户在电商平台闲逛的时候，往往会因为一段简短的阅读内容而在内心产生情感共鸣。因为用户认为这件产品所蕴含的内容和意义，恰好代表了自己的心声和想法。这就使得产品的优点被无限放大，从而吸引了用户的眼球，即便用户原本没有购买欲望，但最后也会因为这种情感共鸣而购买。

（3）从主动寻找到被动寻找。以往，用户有任何购买需求，都是主动到线上电商平台或线下实体店搜寻并购买。

如今，随着社交工具在大众生活中的不断渗透，微信、QQ等社交工具已经被广泛使用，人们更喜欢在朋友圈、微信群、QQ空间、QQ群中分享自己的生活和新发现，并且会用自己的使用体验推荐好友购买。所以，很多用户关注和寻找的是商品的内容，而商品的寻找是被动的。因为用户被内容所吸引，所以才会带来高转换率，直接产生消费行为。

基于以上几个消费特点，如果用户构建的相同爱好群体之间通过社交的方式分享产品的使用感受和使用技巧、品牌故事、品牌文化等，就能够很好地吸引流量，并在情感上产生一定的共鸣。所以，如果将内容运营与社交电商相结合，将达到非常好的营销效果。

2.社交电商内容运营的方法

内容运营将传统的产品运营，即卖鲜花、奶茶、蛋糕等实实在在的产品，演变和升级为卖情感、卖文化、卖情怀。显然，社交电商嫁接内容后，原本冷冰冰的产品能够在消费者之间传递出温馨、快乐、浪漫、舒适的感觉，能够让社交电商更有灵魂，才能让用户快速爱上更加具有"人性化"的产品。

那么，社交电商是如何进行内容运营的呢？

（1）以KOL、网红为代表进行内容输出。社交电商离不开社群，然而每个社群都有KOL（关键意见领袖）来背书，这样可以在社群中建立起专业感，能够赢得用户的信任。网红与KOL有相同的效力，在聚集相同喜好、兴趣用户的同时，和KOL一样作为网络节点存在，在社群中具有一定的话语权。无论是KOL还是网红，他们输出的有价值性内容，都能够很好地增加用户黏性。

（2）平台直接推出与产品相关的内容。社交电商平台同样可以作为内容输出的来源，由平台站到前台推出与产品相关的内容，通过内容对产品进行更加全面的介绍。这样可以有效减少线上购物存在的信息不对称性，能够很好地与用户之间建立更加直接的关系，让用户对产品产生信任感，进而有效增加产品流量，并且实现向销量的转化。

（3）平台自建内容团队发布创作内容。社交电商平台除了借助KOL、网红的力量，以及借助自有平台输出价值内容之外，还可以打造属于自己的内容创作团队，通过自制视频、直播、图文内容等，实现平台内容运营。

这种方法对于内容的专业性提出了很高的要求，所以，该方法更加适用于一些垂直类平台，如蘑菇街等。其优势在于能够在用户心中构建起足够强大的权威性和信任感，所以使得流量的导购和分发效果十分显著。

2011年，蘑菇街作为一家高科技轻时尚的互联网公司正式成立。其主打女性时尚消费，主要销售的是一些更加适合年轻女性的服饰、美妆类产品。

蘑菇街面向市场之后，由于难敌阿里巴巴巨头的挤压，流量急剧下滑，开始向社交电商转型。

蘑菇街看到了社交电商中蕴含的巨大商机，于是与腾讯达成了合作关系，并且从两方面着手开始真正向社交电商挺进：

一方面，"整肃宫闱"。蘑菇街加强对平台的管理，对那些优质商户给予全力支持，淘汰那些劣质商户。

另一方面，提高用户体验。蘑菇街以用户的口碑效应不断扩大用户活跃量，提升用户黏性，在拥有庞大用户的基础上提升销售转化率。

其实，蘑菇街与其说是一个社交电商平台，不如说是一个社区。在提高用户体验的过程中，蘑菇街主要做的就是在其首页信息流中集中专业编辑和红人打造的社区内容，并且带动社区用户基于内容进行互动交流。因为强调"社交"，注重"内容"，所以，蘑菇街成为社交电商内容运营的典范。

3.社交电商输出的价值内容具备的特点

当前同质化时代，千篇一律的内容必然会让用户感觉索然无味，不会产生持续"滋润大地"的效果。然而，注重内容的价值输出，才能从根本上逐渐深入人心。可以说，有价值内容能够让社交电商如拥有灵魂一样，给用户带来一种刻骨铭心的感觉，对社交电商的营销效果也会产生十分显著的效果。

那么，社交电商输出的价值内容具备哪些特点呢？

（1）富有创新性。如法炮制的内容往往给人一种单调、枯燥感，久而久之，不能持续给内容注入新鲜的活力，势必导致粉丝流失。而那些富有创新意识的内容往往能够激起更多用户的关注，进而吸引更多用户转化为粉丝。当然，一些好玩的、有趣的、新颖的内容则会使粉丝主动分享给具有相同兴趣、爱好的圈内好友。这样粉丝已经不再是单纯的粉丝了，而是成为社交电商平台的免费内容传播者，在其圈内好友中形成了二次传播。在一定程度上增加了产品品牌传播的扩散速度，同时提升了聚粉效率，可以大幅提升销售转化率。

（2）持续高产出。社交电商应当积极拥抱全新的PGC（专业生产内容）运营模式作为行业的全新出路。这对于社交电商借助内容吸引用户，提升与用户的互动持续性有很大帮助。我们都知道，高质量、高产出才会有高回报。对于社交电商而言，高质量、高产出的内容才能更好地提升与用户互动的持续性。否则，一味地翻来覆去地炒"旧货"，势必会给用户带来疲劳感，用户积极参与互动的激情也会逐渐消退。随着时间的推移，必定粉丝尽失，逐渐被其他高质量输出的电商平台竞争者所淘汰。

（3）富有稀缺性。在构建内容的时候，千篇一律的内容不能深入人心，而具有稀缺性的爆款内容却可以成为一张品牌名片。这将使社交电商平台能够在当前"火拼"的竞争局势中脱颖而出，并展现出属于自己品牌的独特性，包括我们是谁、我们代表什么、我们能够给用户传递什么样的信息。更重要的是，这些稀缺性爆款内容已经代表了一种精神。这样，这些富有价值的内容传递给用户之后，就会让人无法忘怀。而这正是内容运营使社交电商更加有灵魂的地方，也是真正吸引用户和粉丝不断主动参与互动和分享的地方。

（4）具有即时性。互联网的出现，让我们的生活获得了前所未有的便捷与满足。然而，正是如此，使我们逐渐失去了耐心。自然，作为消费者，同样希望更加快速地知晓品牌营销内容，而让内容具有即时性是一个很好的方法。通过创建搞笑、游戏、猜谜或带有竞争性、简单化的内容来提升吸引力，这样更加容易引起消费者情绪上的卷入，更重要的是能够帮助其在短时间内快速"消化"。

"in有"电商是一款微信小程序，在上线55天的时间里，就吸引了百万流量，这种来势汹汹的引流速度背后，就是"in有"电商强效的内容运营模式。

该电商选择了时下最火爆的社交游戏"锦鲤转发"来吸引流量。让人意想不到的是，该社交游戏吸引了大量用户转发和分享。所以在该社交游戏投放一周的时间里，以不到2万元的成本，为平台带来了13000个订单及将近5万的授权用户。这样的好成绩在同行业内也是屈指可数的。

（5）体现趣味性。复杂的内容往往令人却步，而一些趣味性内容往往让人们情有独钟。趣味性的东西，便于用户在社交过程中形成持续的话题互动。

（6）具备争议性。做好的内容，其突破点在于有争议性。所谓"有争议",就是帖子无论长短,都必须有一个中心话题,而且这个中心话题要能体现出正反两方面观点。一方面支持,另一方面反对,两方面就会形成讨论,以证明自己的观点是正确的,这样就在相互争论的过程中形成一种内容传播。

(7)要有后续性。有后续的内容,即内容要留有余地,不要一次性将事情说完。这样能够让人们产生好奇心理而关注后续的发展情况。当吊足了人们的胃口,使人们开始转发和讨论的时候,再不断补充相关内容。这样可以有效增加用户黏性,不断吸引新用户,让用户持续关注。

总之,对于社交电商而言,实现流量向销量的转化是关键。好的话题作为一个好的内容,不但能够起到引流作用,还能在流量引流并蓄满水后,"以一石激起千层波"的力量完成二次传播并引爆话题,最终完成带货。加速内容化战略,是社交电商发展的重要方向。内容的作用就像一针强效催化剂,能有效提升销售转化率。

▶▶ 第三节 场景:创新消费场景才能激发购买

任何一个商业时代都离不开场景运营,无论是传统零售,还是电商、新零售,都必须立足场景、立足用户需求,满足消费者不同场景下的需求,才能真正在市场竞争中快人一步取得先机。

社交电商并不是简单地在传统电商的基础上,借助社交平台进行传播的电子商务,社交电商更加注重的是对消费者心理的洞察,并且基于这一洞察构建特定场景交互。所以,场景则成为社交电商的核心要素之一。

这里又回归到一个问题:什么是社交电商?具体而言,社交电商其实是基于人际关系网络、借助社交媒体（包括微信、微博、直播、社区等场景）传播途径，以通过社交互动、用户自身内容等手段，进行场景搭建，以辅助商品的销售，同时将关注、分享、互动、推荐等社交化元素应用于交互过程中的新型电子商务形式。

事实上，基于社交场景的构建，使得社交电商回归于社交的本质——信任。"场景+情感诉求"是当前用户的一种全新消费需求。用户在特定的消费场景中产生一定的情感诉求，以满足自己的情感共鸣，如悲伤、兴奋、崇拜等。可见，基于场景运营的社交电商与传统电商之间的最大区别在于，商家不再是以商品为导向，而是以人为导向，构建创意生活场景，从而引导用户产生联想，从而达到用内容创造流量的目的。

当前，市场中消费者的现状是：

一方面，市场中的消费主力军是"95后"，这批消费群体的消费价值观不再是物美价廉。他们更加关注的是时尚、潮流、新颖的商品，这些成为影响其购买决策的主要原因。

另一方面，因为成长环境的不同，所以意见领袖在消费者中的地位越来越重要，直接影响消费者的购买决策。对于这批新兴消费主力军而言，学习能力强、接受新事物的速度快，所以仅仅凭借价值内容的输出远远不够，打造多样化主题消费场景，才能让他们快速实现路转粉，才能更加快速地认可和接受社交电商平台的产品和文化精神。

所以说，"场景+社交电商"是流量快速转化为销量的一个飞跃。那么，在社交电商领域如何进行场景化运营呢？

1. 社区场景

常见场景搭建形式：

（1）推荐感兴趣内容。平台会通过分析用户个人信息以及行为数据，向用户推荐感兴趣的内容。

（2）引导用户关注。即当用户感兴趣后，就会针对发送内容的自媒体平台进行关注。

（3）发现附近店铺。通过获取用户活动的地理位置，向用户推荐周边店铺和产品。

（4）延伸到商品。当用户对内容感兴趣时，可以直接进入商城下单购买。

社区场景化运营流程总结：推荐→关注→发现→购买，通过社区场景的构建，逐步引导用户转化为消费者。

典型代表：小红书、半塘主义、大众点评（见图3-1）。

图3-1 大众点评场景运营模式

2.自媒体场景

常见场景搭建形式：

（1）用户首先发现自己感兴趣的微信公众号。

（2）阅读自己感兴趣的微信公众号内容。

（3）当这些内容恰好激发了用户的购物需求，或者因为这些内容而在内心中产生情感上的共鸣，以及对内容作者的崇拜之情。

（4）基于购物需求、内心情感共鸣、崇拜之情，用户做出购买决策。

自媒体场景化运营流程：发现微信公众号→阅读公众号内容→引发兴趣→激发购买意愿。

典型代表：微信（见图3-2）、微博。

图3-2　硬派健身场景运营模式

3.新闻场景

常见场景搭建形式：

（1）通过建立用户标签加点击阅读分享等用户行为。

（2）用户标签与广告标签进行算法匹配，展示广告。

（3）用户看到广告，下单购买所需商品。

新闻场景化运营流程总结：阅读兴趣新闻→展示相关广告→用户下单购买。

典型代表：今日头条、腾讯新闻。

4.内容场景

常见场景搭建形式：

（1）用户在内容场景平台上浏览，会从中获得一些有价值的知识和经验分享。

（2）用户对更具深度的知识产生强烈的欲望。

（3）内容场景平台会推出精选推荐，用户可以针对感兴趣的内容购买自己喜欢的商品。

内容场景化运营流程总结：内容平台上获得知识经验→对知识的进一步渴求→进入店铺购买产品。

典型代表：知乎、喜马拉雅（见图3-3）。

图3-3　喜马拉雅场景运营模式

5.直播场景

常见场景搭建形式：

（1）在线观看直播内容。

（2）推出与直播内容相关的周边产品。

（3）用户对产品感兴趣，并产生购买行为。

直播场景化运营流程总结：观看直播→推出周边产品→产生购买行为。

典型代表：斗鱼。

6.健身场景

常见场景搭建形式：

（1）健身平台推出健身课程和签到、分享机制，以此建立社交关系。

（2）在良好的社交关系基础上激发用户购买健身器材、服装等方面的需求。

（3）用户购买有需求的产品。

健身场景化运营流程总结：搭建健身场景→激发周边产品需求→产生购买行为。

典型代表：Keep。

总之，"场景+社交电商"模式使得传统电商的刷单时代即将成为过去式，用户与商家之间也从原来的一锤子买卖关系转化为一种全新的基于一定场景的社交关系，传统电商的"商品—人"的关系转化为"人—商品"。这些都使得社交电商能够获得更具黏性的用户，实现流量的快速变现。

第四章

传统电商社交化转型的创新路径

任何时代，一种商业模式的落没，必然会迎来一种全新的商业模式取而代之。如今，传统电商的增速下降预示着它开始走上衰退之路。随着社交网络的不断发展，人们之间借助社交工具沟通已经成为一种主流。这种主流在电商领域逐渐渗透，用户越来越习惯在社交平台上分享和购买商品，这使社交电商成为继传统电商的后起之秀，登上商业舞台。传统电商要想继续存活，并活得更好，向社交电商转型是必由之路。

第一节 经营逻辑：从"卖货"到"经营人"的转变

近年来，电商消费者趋于饱和，流量红利消失殆尽，而微信等社交平台作为中国的主要、重要流量入口，则为电商赋能，让传统电商在与社交平台的合作下，开辟了全新的出路。社交电商就是借助这一风口而出现的"搅局者"。

随着拼多多、小红书等的横空出世，再加上拼多多在成立短时间内就赴美上市，使得阿里巴巴、京东、唯品会、苏宁等电商巨头开始向社交电商转型，并纷纷拿出转型的战略方案。这些无疑都在说明社交电商蕴藏着更大的商业潜力。

对于传统电商而言，转型是必然选择。然而，做任何事情，最主要的就是形成正确的思维和逻辑，思路对了，一切就会容易很多。所以，传统电商向社交电商转型，首先需要做的就是改变经营逻辑。具体而言，传统电商向社交电商转型，其经营逻辑的转变是：从"卖货"到"经营人"的转变。

1.传统电商的"卖货"思维

电商时代，商家嫁接电子化平台提升商品的销售量，成为常态。想方设法为自己的产品和品牌"贴金"，其最终的目的就是"卖货"。所以，传统电商的营销模式都是以"产品"为核心，围绕打造良好的产品形象而进行。

（1）传统电商发展初期。商品描述撰写是传统电商运营关注的焦点。通常，店家会对商品的基本属性进行十分详细的描述，包括商品品牌、材质、型号、重量、规格、产地等，店主往往认为这些属性描述得越详细，则越能增加消费者的安全感，更能刺激消费者的购买欲望。

此外，还会借助图文结合的方式，全方位展示商品。商家认为图片是展示产品最直接的方式，能够让消费者对产品有更加直观的了解。另外，图片更加富有色彩感，能够在感官上缓解视觉疲劳。所以，商家认为图文结合能够增加用户黏性和可信度，能够更好地引起消费者的共鸣，所以版面做得十分精美，十分吸睛。

（2）传统电商发展中后期。时代在变，人们的消费观念也在变，理性消费成为消费者选购商品的主要观念。虽然，传统电商发展的中后期，思维模式发生了些许变化，但依然是以"卖货"为平台发展导向。

这个时期，互联网思维盛行，出现了很多思维模式。例如：

■ 爆点思维：打造一个最关键的点、最重要的点、最核心的点，以打动消费者，让产品能够快速扩散，激起消费者的购买热情和动力。爆点思维能够起到很好的推广作用，实现销量的稳步提升。

婚戒品牌Darry Ring就是一个典型的例子。婚戒本身象征着美好的婚姻和爱情，而Darry Ring有别于普通婚戒，采取实名制定制钻戒的方式，使得Darry Ring被赋予了"Only You"的意义，每位男士凭借身份证一生仅能定制一枚求婚钻戒，这恰如其分地传递了对真爱唯一的爱情信仰。从这暖暖的爱情出发，Darry Ring自带让人感动又浪漫的话语，让每一位珍视爱情的人都能真切地感受到它蕴含的浓浓的爱意：一生只爱你一人，犹如这纯净钻石点缀其中，闪耀璀璨光芒，愿成为你生命中不可替代的唯一。

Darry Ring正是抓住了人们选择真爱结婚的心理，通过实名制定制，一生只能定制一枚的方式，在广大消费者心中形成强烈的记忆点，一提到"婚戒""一生一世"这样的字眼，就能想到Darry Ring，引爆消费者购买Darry Ring的激情。Darry Ring的这种营销策略就是一种爆点思维的应用。

■ 极致思维：将产品做到最佳的意境，达到最高的程度，从而满足用户需求，有效提升用户体验满意度。极致思维将产品的卖点做到了极致，这样能够使产品体验黏住用户，有效提升销售转化率。

■ 尖叫思维：打造价值、使用体验、高性价比等超出用户预期的产品，让用户在真正使用产品的时候，因为超出心理预期的产品而尖叫。尖叫思维同样能够起到提升用户购买欲望的作用。

■ 迭代思维：根据当前市场需求的变化，对原有产品进行再创新，使得产品在市场中更新的速度犹如风驰电掣一般，快速占领市场，以提升自身的销量。

■ 饥饿思维：商家采用限量销售、限时销售、制造唯一性等方式提升产品对用户的吸引力、排他性，让用户在急切和渴望中争相购买，以达到快速增加销量的目的。

无论是爆点思维、极致思维、尖叫思维，还是迭代思维、饥饿思维等，同样是围绕产品营销而创的思维模式。

2.社交电商"经营人"的思维

无论电商以何种形式存在，其目的都是销售。任何没有达成买卖关系的努力都是徒劳的。在这个人人都是自媒体的时代，社交电商已经不再是以"卖货"为主，而是以"经营人"作为重点工作。社交电商平台上，一个用户＝消费者＋传播者＋销售者，所以，"人"是社交电商中经营的重中之重。这也正是社交电商与传统电商的区别所在。

社交电商"经营人"的思维，主要是从人性出发，为满足不同人性需求而向用户推荐相关产品。只有让消费者感觉到好，才是最重要的，才能有销量。

如今，时代在改变，消费也在不断升级，消费者已经不再像过去一样关注产品的品质、价格、功能等，而更加希望能够在情感、认知、价值观上得到满足。所以，在这样的全新消费需求下，社交电商更加注重深刻地理解消费者的内心，并让其内心需求得到最大限度的满足，以达到"经营人"的目的。

根据数据分析，人们通常有六种不同的心理需求，而社交电商则根据这六种心理需求实现对"人"的经营。

（1）安全感。马斯洛需求层次理论中提到，安全感是消费者生理需求之外的第二基本心理需求（见图4-1）。在当前这个信息化时代，各种信息层出不穷，已经在很大程度上混淆了消费者的视听，消费者难以判断哪些商家是值得信赖的，所以消费者内心中失去了安全感。

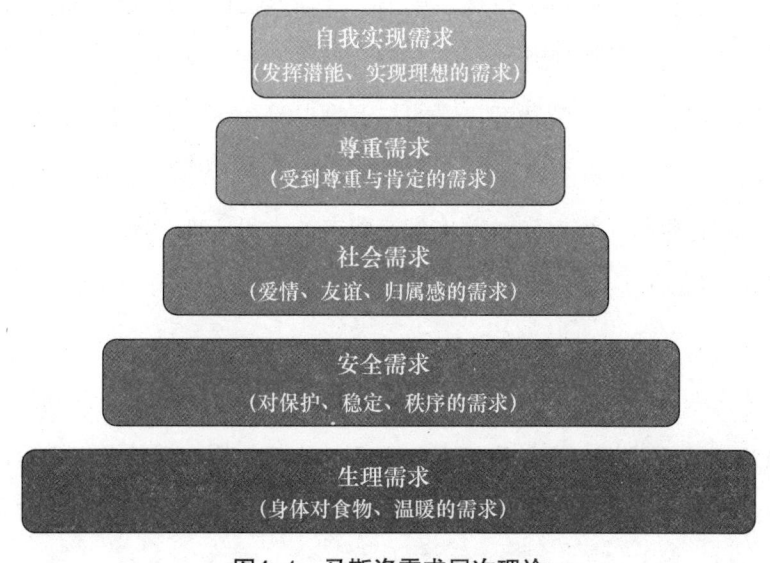

图4-1　马斯洛需求层次理论

社交电商时代，随着直播、视频等平台的出现，为消费者打开了一个实时答疑解惑的通道，再加上店主网红的人格背书，使得消费者的疑虑得以缓解，甚至彻底打消。

（2）懒惰。人们常说：一切人类的进步都源于人类的懒惰。的确，很多发明创造都是为了满足人们懒惰需求而诞生的，如电动牙刷、扫地机器人等。尤其是随着时代发展进程的加速，人们的时间越来越碎片化，消费者很难长时间投入很多精力去做同一件事情。所以，社交电商在一定程度上是为了解决人们懒惰问题而出现的。诸如网红电商、直播电商等，作为社交电商的一部分，能够更加精准地为消费者推荐一些贴合其需求的产品。这样，即便消费者没有时间去搜索，但通过推荐的方式能买到自己所需要的产品，也是一件非常开心的事情。

（3）满足感。贪婪是人的本性。能够认为自己占到了便宜，会给消费者带来一种内心的满足和愉悦。所以，社交电商平台通常会通过发放优惠券、红包、返利、秒杀、抽奖、抢购、竞拍、推荐得红包等方式让消费者认为这是商家让利，而自己则赚到了。

其实，很多时候，消费者在乎的并不是自己少花了多少钱，或者赚到了多少红包，而是内心获得满足感，反而使其成为商家忠实的粉丝。

（4）攀比炫耀。攀比和炫耀也是消费者的常见心理。所以，很多商家就抓住消费者的这种心理进行营销，从而成为赢家。

星巴克在抓住消费者攀比和炫耀心理进行运营方面做得非常娴熟。星巴克店铺装修独具一格，且在价格上做文章，从而打造一种精致小资的品牌形象，给消费者带来一种心理暗示：在星巴克消费，是一种非常有格调的事情。尤其是年轻消费者，他们喝的不是咖啡，而是一种格调和品位。

基于这一点，社交电商平台更加鼓励消费者晒单，既满足消费者的攀比、炫耀心理，又在一定程度上为产品做了一次免费宣传。

（5）无聊。当前，人们的时间越来越少，越来越珍贵，但同时又不知道该如何打发自己无聊的时间。所以，直播应运而生，各种社交工具层出不穷，看直播、社交聊天成为人们打发时间的最好方式。社交电商在借助直播、社交工具等开展社交活动的同时，向用户推荐产品，让用户分享产品，达到大幅销售产品的效果。

（6）从众。人们往往会受到多数人的影响，而跟从大众的思想或行为，做出同样的举动，这就是"羊群效应"，体现的是人们的从众心理。社群中，KOL具有很强的权威性和话语权，当KOL购买一款产品，使用后发现该产品十分不错，就会在社群中讨论并推荐该商品。这样整个社群内只要有几个人加入购买行列，其他人就会跟随其后，产生购买行为。

显然，社交电商在经营"人"的过程中，能够很好地借助一个用户的力量，在其交叉横跨关注几个不同的主题领域中，对产品和品牌进行无限扩大化地宣传，不但能实现精准营销，还能让玩法更加纵深化。所以，传统电商向社交电商转型是必然的。

第二节 组织架构：从"中心化"流量到"去中心化"流量的升级

传统电商向社交电商转型，不仅仅是经营逻辑的转变，组织架构也进行了升级，即从"中心化"流量到"去中心化"流量的升级。

1.传统电商的"中心化"架构

传统电商都是走"中心化"道路。所谓"中心化"，举个简单的例子，就是台上有一个或几个权威人士在做演讲，而台下的人则围着听他们讲。

在传统电商中的"中心化"，实际上就是将所有商家和流量都集中在平台上，而这个平台则成为消费者购物的第一入口。消费者通过这个入口搜索自己需要的商品，电商平台和商家则对所获的利益进行分配（见图4-2）。换句话说，"中心化"电商的架构看上去更像一个漏斗，不断向平台导入流量，从导入流量到形成购买，呈现出一种漏斗状。

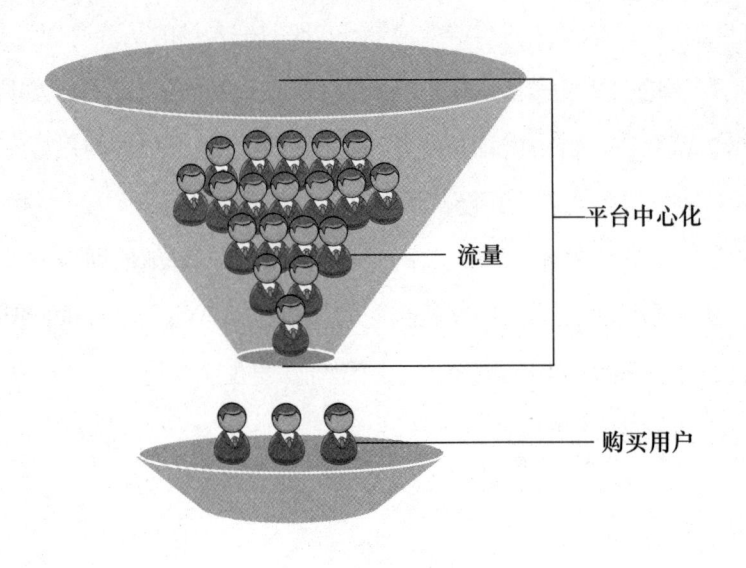

图4-2 传统电商的"中心化"架构

2.社交电商的"去中心化"架构

社交电商时代，其组织架构与传统电商的"中心化"正好相反。"去中心化"成为社交电商组织架构的一大特色。所谓"去中心化"，举个简单的例子，即在场的每个人都有发言权，人人都可以讲话，人人都可以听别人讲话。

社交电商则可以看作流量滴灌，即将社交当作一种营销玩法去带流量，通过一定的内容、场景，让用户借助社交工具自发找流量，将自己感兴趣的产品润物细无声般地"滴灌"到自己相关的社群中，从而使一个用户作为一个流量至少能裂变成两个，实现精准营销（见图4-3）。这就是社交电商的"去中心化"，是社交电商与传统电商的不同之处。

图4-3 社交电商的"去中心化"精准滴灌

这种"去中心化"的转变主要表现在：

（1）基础设施健全。社交电商是在网络、设备、平台、支付、物流、数据、云计算、人工智能等基础设施建设都已经成型，并得到了较好发展的基础上出现的。再加上市场中正品行货和高性价比产品已经成为市场发展的标配，用户不再像以往一样将自己的注意力集中于有关产品的各个方面，如品质、价格、配送服务、售后服务等。而基础设施的建设，已经在很大程度上满足了用户对产品的需求，现在用户更加关注的是自身个性化需求的体现和满足。

（2）社群及价值观导向。在社交电商时代，用户的购物行为已经不再将某一大型购物平台作为集中的购物点，而是以某个文化或价值观为导向，形成某一类消费社群。通过社群内各个成员推荐和分享，在不同的社交电商平台上实现引流，并产生消费行为。

（3）"内容"连接。在社交电商时代，一个"内容"会对应多个社交电商平台，不同的平台可以为这个"内容"服务。但是具有相同兴趣、爱好的用户对应的却是相同的"内容",内容中所体现的价值观,实际上就是这个社群的价值观。所以可以说,"内容"在社交电商平台上起到一个联结性作用,实现了以人聚人,从而构建了整个用户社群。

(4)场景入口。社交电商时代,购物场景已经不像传统电商一样集中在电商平台上,而是在微博、微信、直播平台等场景,只要能够将用户和内容相联结的地方,都能成为购物平台。这使得购物场景也从传统的线上转化为线上线下相融合的局面,场景入口得到了扩大和延伸。

这种"去中心化"的社交电商模式较之传统电商的"中心化"模式,能够消除用户的选择综合征,进而提升行业的运营效率。因为,通过社群成员的推荐和分享,用户就不会因为选择太多以至于难以挑选最适合自己的产品而感到烦恼。社群本是具有相同价值观和喜好的人聚集在一起的群体,所以,用户在社群成员的帮助和引导下,能够更快地选择出更加适合自己的款式、风格和色调。这样对于消费者而言,可以节省很多挑选商品的时间;对于社交电商平台来讲,可以大幅提升运营效率。所以,传统电商的"中心化"向社交电商的"去中心化"转型,也是时代发展的必然趋势。

▶▶ 第三节 购物形式:从"去消费"到"在消费"的转变

每个人在社会中生存,社交是与生俱来的基因,寻找同类、朋友、伴侣,寻找志同道合、志趣相投的人。在网络发展日益强大的今天,网络将人与人之间联结起来,无论从事何种职业,无论年龄大小,都能在网络中找到与自己兴趣、爱好相投的同类。互联网尤其是移动互联网打通了人与人之间基于时间和空间的沟通壁垒，让人与人之间的交流更加方便、快捷、实时。

据相关数据统计，现在社交网络已经渗透在人们生活、工作的方方面面，平均每个人在社交网络中花费的时间数小时不等。这就为社交电商的出现创造了天然的"生长"条件。

社交电商能够成为"新物种"，成为一种全新的电商延伸模式，非常重要的一点就是社交电商从传统电商的"去消费"实现了向"在消费"的转变。这也是传统电商向社交电商转型的一条重要路径。

1.传统电商"去消费"

以往，消费者有任何产品需求，都是自主到各线上购物平台选购。这种消费方式类似于线下实体店的货架搜寻购物方式，对于消费者而言，是一种最为直接的购买行为，体现的是一种"去消费"的状态；而对于商家来讲，是一种"坐等销量"的销售模式。

这种方式存在很大的弊端：

一方面，消费者需要花大量时间去各个电商平台上搜索自己想要的产品，在当前人们时间碎片化越来越严重的情况下，消费者能够安安静静、认真耐心地搜寻自己想要的产品是难以实现的。

另一方面，电商平台众多，商家海量，消费者能光顾一个店铺的概率极低，很难给商家带来可观的销量。

2.社交电商"在消费"

社交电商的出现，则使"去消费"模式彻底得到了改善，"在消费"成为一种全新的购物模式，以不可阻挡的趋势碾压"去消费"。

移动互联网的出现，使得24小时在线成为可能，用户可以随时随地上网，这样就有效地提升了消费者的碎片化时间的利用率。尤其是社交平台的层出不穷，使得购物信息基于社交平台而在人与人之间快速渗透，这样随时随地的移动购物则成为可能。

人们在晚饭后、睡觉前，都有刷手机的习惯，以放松忙碌、疲劳的身体，愉悦压抑、疲惫的心理，而在刷手机查阅朋友圈、微信群的时间里，可以看到很多有关购物的好友分享信息，这对于那些碎片化时间多，却没有较多自由支配时间的年轻人来讲，则不失为一种很好的选品渠道。朋友圈、微信群中聚集的好友，大多是朋友、亲人、同事等，还有的是具有相同爱好的同类人，他们所推荐和分享的产品信息，更加具有真实性和可信度，再加上他们购物的先例，以及乐此不疲的分享，这些被推荐和分享的产品，自然品质佳、价格优是用户购物的不二之选。在完成订单交易之后，还可以将自己购买的商品分享在朋友圈或购物圈，直接通过评论和点赞的方式与其他好友进行互动。

京东与微信、手机QQ的支付渠道被打通，这样用户不但在京东平台方便购物，还可以在朋友圈、微信群、QQ群、QQ空间里分享自己的购物体验和使用体验，与大家进行互动，更重要的是支付环节也变得非常方便和快捷。京东这种社交电商购物模式已经不再是一个需要特意安排和设定的场景购物模式，只需要用户刷一下朋友圈和QQ空间、点击一下微信群和QQ群，参与话题互动讨论，消费行为就可以随时随地在手指轻轻一滑的过程中进行，从而实现轻松、愉悦的购物体验。

显然，社交电商时代，消费者在社交中实现购物行为，在购物中进行分享互动。每个人既是消费者，也是内容创造者和分享者，人们时刻都有可能成为消费者，走在正在消费的路上。

所以，传统电商向社交电商的转型，要将传统消费者的购物模式从"去消费"转变为"在消费",这样,每个在社交平台上的用户都有可能成为产品的潜在用户,从而进一步扩大销量。

第四节 生态模式:从"集市生态"到"购物生态"的转变

进入后电商时代,社交电商借助微信、微博等生态重获流量红利,在实现低成本裂变的同时,一举打破了传统电商无法突破的"瓶颈"。在众多电商平台同台献技、逐鹿江湖之际,社交平台大战已经拉开帷幕。传统电商平台正在从"无生态圈"到"生态圈"转变,从而实现向社交电商的转型。

1. 传统电商的"集市生态"

传统电商模式下,电商平台上聚集了大量的商家、产品和用户,用户总是到琳琅满目的店铺搜索所需产品,并通过图片、文字、评价等判断产品是否值得购买。如果对比发现某家产品品质高、性价比高、评价高,就会认为这家店铺中的商品自然是"品质上乘的好物",之后便会做出购买决定。

显然,传统电商的生态基础是商流,换句话说,就是以商品的价值运动为基础。并且在商流的基础上实现用户流,即平台用户向某一商家店铺移动。传统电商的这种基于货架的、由"商流"导致的"用户流"的生态模式叫作"集市生态"(见图4-4)。这种生态模式实际上并没有形成一定的生态圈,因为无论用户与产品还是商家之间都是一种简单的买与卖关系,除此以外,并无其他交集。

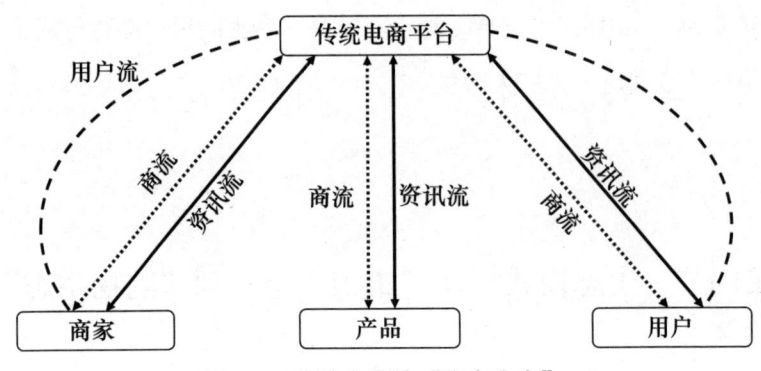

图4-4 传统电商的"集市生态"

2.社交电商的"购物生态"

社交电商与传统电商最大的区别在于"社交"。所以,社交电商除了用户、商家、产品三个因素之外,还需要社交平台的加入。

在社交电商模式中,用户购物的场景越来越丰富。例如,一个用户在外地旅游,看到了各种各样的历史文化、自然风光,并且在朋友圈、微信群中分享了自己的旅游经历。该用户还计划过年回家的时候给家人带一些具有特殊意义的礼物,并在朋友圈和微信群中发表了一则话题讨论,咨询好友给家人带当地的什么礼物比较有意义。经过大家的一番讨论后,该用户决定在一家网购平台购买产品,他看到了当地特色美食和非遗文化产品在售卖,并愉快地下单。下单后,他将自己购买的产品在朋友圈中再次分享,并在好友中推荐,又一次吸引大家围观,并发起话题讨论。基于大家对该用户的信任,购买了相同的美食和非遗文化产品作为新春贺礼送给亲朋好友。这样该用户既是消费者,也是产品的宣传者,为商家和平台起到了很好的引流作用,增加了好友的购买欲望,也为商家提升了产品销量。

显然,社交电商是以用户为中心,在用户流和资讯流的基础上实现商流。而且在整个过程中,用户与商家、社交平台、社交电商平台之间有着十分频繁的交集,并且形成了一个封闭式生态圈,整个生态圈处于一种良性循环的状态：一方面，用户在社交过程中完成购物，增大了购物乐趣；另一方面，用户为商家带来了流量的提升，更带来了销量的提升，无论对于商家还是社交电商平台，都会带来十分可观的盈利（见图4-5）。

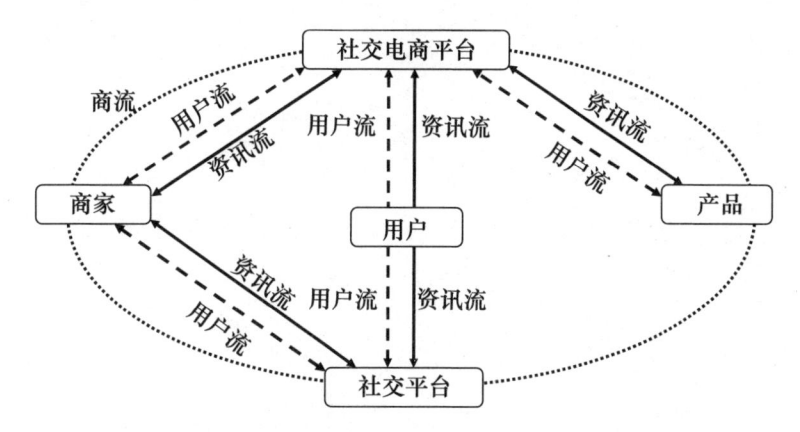

图4-5　社交电商的"购物生态"及生态圈

所以，传统电商在向社交电商转型过程中，从"集市生态"到"购物生态"的转变，是一条有效的途径。

第三篇
技法

社交电商运营的实操术

第五章

思维方式决定社交电商的运营结果

社交电商作为后电商时代的后起之秀，打通了传统电商快速引流的壁垒，引得一大批创业者借助社交电商捞金，同时也使得传统电商巨头纷纷强势转型。然而，无论是新兴创业平台还是传统电商，走社交电商之路，贵在思维模式的突破。思维方式决定社交电商的运营效果。

第一节　网红思维：网红经济有效吸引精准粉丝

"papi酱"以犀利的语言、幽默诙谐的内容，在网络中迅速蹿红，成为现象级网红人物，也由此在人们的脑海中烙下了深深的印记，引来无数粉丝的喜爱。因为像"papi酱"这样的网红能够在社交媒体上聚集大量的人气，并依托庞大的粉丝群进行定向营销，将粉丝转化为购买力，所以衍生出了"网红经济"。

做社交电商，更需要这种网红思维。如今，网红经济已经被当作借助社交媒体实现社交电商快速引流、快速变现的重要工具。那么，从业者应当如何应用好这种"网红思维"呢？

1. 找准定位

"网红经济"的本质就是网红通过社交媒体，将自己塑造成某一领域的KOL，如美食达人、美容达人、健身达人、时尚达人等，进而对品牌进行人格化塑造。然而，在塑造之前，一定要对品牌、产品、目标消费者，以及在某一领域的KOL自身优势及短板进行明确认知和定位，之后再有目的、有节奏地去一步步推进。

在生鲜领域有一个网购平台叫"菓盒"，菓盒之所以在生鲜领域生存得很好，是因为其定位定的好——中高端水果的采购、销售、配送。这就决定了它所面向的消费人群和市场，即经济能力较强、有互联网或移动互联网购物需求、对健康和品质有所追求的人。

菓盒的创始人壮爷，其身上自带的标签是"85后"、奶爸（更加注重安全和健康）、高知识人群（浙江大学毕业）、专业专注（学习农产品批发专业，从事食品安全工作7年），这些信息简单、明了，容易在人们的脑海中形成记忆。再加上壮爷创业的初衷、打造的品牌故事，都在向消费者传达着"新鲜、营养、安全"的品牌特质。而具备这些特质正好与消费者和市场定位相匹配。壮爷本身则是很好的菜盒的人格化品牌代言人。

2.有持续价值内容输出

找准定位往往是让粉丝记住的第一步，但这并不意味着粉丝就会为产品埋单。所以，还需要"加把火"，即持续输出有价值的内容。这个时候，要像和粉丝谈一场持久的恋爱一样，通过价值内容，让粉丝愿意从相识、相知到相恋，再到与品牌"白首不分离"，并将其成功转化为购买力。

在输出价值内容的时候，应当注意：

（1）持之以恒。既然要获得用户的认同、让用户喜欢上自己的产品，并产生持续的购买力，就要在输出价值内容时做到持之以恒。只有坚持输出品牌和产品相关的内容，才能在用户脑海中形成长效记忆。

（2）新鲜感、刺激点。用户的新鲜感随时可能失去，所以KOL需要不断提升自我，与用户共同成长，才能让自己输出的价值内容时刻保持新鲜感，能够刺激用户乐于产生购买行为的那根弦。

（3）多平台化运营。用户往往具有流动性，可以游走于各社交平台之上，所以KOL除了依托微信、微博等社交平台外进行内容输出外，还可以找一些小众社交平台去与粉丝互动和交流。

3.注重粉丝运营

网红店铺自然与普通网店有很大的区别，而最大的区别就在于网红与粉丝之间并不仅仅是买卖关系，还是粉丝某一方面的导师、朋友等。基于这种关系，就普通店铺而言，更能建立起信任关系，并增加客户黏性。

简而言之，网红经济与明星经济所产生的效应相当，将网红思维运用于社交电商运营过程中，能够为社交电商的发展赢得更大的引流、变现潜力。

▶▶ 第二节 社交思维：整合关系资源，在人脉中快速渗透

社交电商离不开社交，社交电商中，社交与电商的关系就像管道与水的关系一样。电子商务社交化，是建立在社交关系的基础上，借助社交平台实现电商流量的获取、产品的推广、交易的达成。在各个环节都需要"社交"参与其中，对电商活动进行引导。所以，融入社交思维，才能让社交电商运营更加流畅。

社交电商运营的关键在于整合各种社交关系资源为电商所用，以实现人脉在电商运营中的快速渗透，达到引流、增流、变现的目的。那么，如何在社交电商中融入社交思维呢？

1.分享：整合关系资源快速渗透

社交电商的核心在于分享。所以，在运用社交思维过程中，应当注重分享。

在社交电商里，每一个人都是消费者，然而在分享过程中，又具备了另一种角色，即销售者。在分享过程中，尤其像拼多多推出的"自用省钱，分享赚钱"模式，消费者不但为别人产生了利润，也相当于为自己创造了财富。

所以，在社交电商中，利用每个人空闲的时间分享自己对某产品或品牌的认知、使用心得等，可以为社交电商聚集庞大的流量。正是因为分享，使得社交电商打破了传统商业模式中原本非常清晰的销售者和消费者之间的界

限，让两者之间的界限变得越来越模糊。

分享，表面是将自己喜欢的内容分享给好友，本质则是原来的消费者通过分享将自身升级为消费商。然而，并不是随意、随性分享就能聚集流量，实现社交关系资源的整合。分享有价值的内容能够一石激起千层浪，为社交电商带来意想不到的流量。

2. 互动：互动传播引发交易

人与人之间交往，离不开互动。互动是建立信任关系的开始，没有信任就没有买卖，更没有好的销量。只在社交群中无休止地发广告，而从不发言和互动，会让人厌恶和反感，容易造成社交群成员的流失。

要知道，在社交电商运营过程中，露脸就是在变相做广告，而互动就是在参与过程中不断学习。所以，社交电商运用社交思维的关键在于互动，频繁地互动。

第一步：形成互动阵营

互动的目的是调动大家的积极性，为了在互动传播过程中达成交易。所以，一定要营造一个良好的互动环境，形成互动阵营。否则，社交群只能是一盘散沙。

第二步：明确社交群主题

设定鲜明的社交群主题，才能使互动内容更加明确、有目的性、有方向性。

第三步：调整社交群的声音

要想让社交群粉丝成为社交电商品牌真正的粉丝，还需要调整自身社交群的声音，即能够让理想粉丝产生共鸣的声音。具体要设定好自己的口吻和人格特质，然后与社交群粉丝对话。同时，还可以深挖这些粉丝喜欢和感兴趣的方向，这样容易使社交网络的声音在粉丝内心激起涟漪。

如果针对年轻的粉丝，说话的口吻应当更加新潮、活泼；如果针对较年长的粉丝，就需要用比较老成的口吻；如果要展现专业度，经验就显得十分重要。

第四步：建立互动内容基调

这里的"内容基调"，实际上就是在与粉丝互动的时候，互动活动与品牌、产品相一致的内容形式。所以，可以为品牌挑选有基调、能够触及精准粉丝的内容，而且这些内容的基调必须与粉丝和品牌保持一致，才能借助互动穿针引线，让粉丝更多地了解品牌和产品。例如，对关于服装新品的资讯、当下服装行业的潮流趋势等展开讨论。

第五步：进行深度互动

互动的目的就是传播产品、品牌内容，并引发交易的达成。所以，流于表面的互动不会为社交电商带来任何实质性流量。开展深度互动，在互动中"润物细无声"地融入产品、品牌宣传内容，才能真正地将产品和品牌内容刻在社交群成员的脑海中、心坎上，进而引发其交易行为的产生。

互动不但能为社交电商带来实实在在的流量和销量，而且在与粉丝的互动和交流过程中，能够更好地获知粉丝的真实需求，使得社交电商店铺在进行产品推广和粉丝运营过程中，更好地把控用户体验过程，给用户带来极致体验。

总之，社交电商需要社交思维的引导，只有基于分享和互动才能将信任转移到社交电商平台上，进而产生流量和交易。

第三节　信任思维：建立信任，聚拢碎片化流量

人们常说："人无信不立，业无信不兴，国无信不强。""诚信"一词一直以来是一个人生存、一个企业发展、一个国家强大的基石。一个人，有了诚信，才能在人际交往中顺风顺水，否则难以在社会立足，甚至难以生存。因此，可以说，诚信是人与人之间发生一切社会关系的基础，因为诚信，所以信任。

在任何一个时代，交易能够顺利完成，都是基于彼此之间建立信任关系而实现的。换句话说，无论是买家还是卖家，彼此要有一定的信任基础。站在商家的角度，是非常渴望自己被对方信任的，有了信任，消费者才会消费产品。基于信任关系的消费，才会让商家和消费者合作愉快。

比如，在单纯的线下零售模式下，如果用户想去社区便利店购物，但不巧的是忘记带钱了，又非常急需该产品，此时可以向店老板提出赊账请求，老板会非常乐意赊账。因为用户经常在店内消费，已经成为老顾客。而且用户就是本小区的住户，老板自然会觉得有安全感。

随着互联网的不断发展与普及，电商取代了传统的线下实体店模式。然而，传统电商却呈现出一个非常显著的缺点：信任缺失。因为电商从选品到下单再到支付，整个过程都是在线上完成的，卖家与买家之间是从未谋面的陌生人，对彼此毫不了解，买家对卖家的产品品质、售后服务等只能从页面详情和用户评价中得知，在电商违规刷单严重的情况下，就使得产品品质、售后服务等更加失真，这让很多买家对卖家产生了极大的不信任感。

在当下，互联网、移动互联网进一步发展，再加上移动智能设备的普及，人们的社交方式发生了巨大的变化，社交软件成为人们日常生活、工作和学

习必不可少的一部分。随着社交软件在人们生活中的不断渗透，基于社交软件的购物，也成为一种潮流和趋势。而这种潮流和趋势背后的巨大推动力量正是"信任"二字（见图5-1）。

社交电商时代，是一个充满社交的时代，更是一个基于情感而交易的时代，买卖关系在信任的基础上达成。

图5-1　信任驱动下的社交电商

1.借助信任经济玩转社交电商的原因

社交电商时代，信任回归。与传统电商相比，基于信任，使得社交电商赢得了新用户的信赖，让用户在没看到产品、不知道原料、出厂日期等诸多信息的前提下就购买了产品。这是电商发展的一种运营模式的升级，更体现了信任经济对社交电商发展的重要性。之所以借助信任经济玩转社交电商，有以下两点原因：

（1）信任的成本低廉。社交电商运营中，重点在"社交"，用户既是平台商家的消费者，也是一个流量的节点，变成了信任的代言人、传递者和内容生产者通过这种方式为平台商家吸引流量，更促进交易的达成。在整个过程中，用户没有收取一分钱费用，就实现了免费宣传，而与用户相熟的不熟的人则基于对用户的信任关系产生了购买行为。显然，社交电商的这种运营模式中，基于信任的代言、传递、内容生产所换来的二次宣传和二次引流，以及由此而带来的销量，其成本十分低廉。

（2）信任促使碎片化流量产生实际购买行为。传统电商模式下，商家使尽浑身解数，用图文、短视频的方式来详尽介绍产品的相关内容，如材料、规格、重量、功效等，但即便这样，消费者也不会为此而争相埋单。因为消费者不会对一家根本不了解的商家产生信任感，更不会在看到商品的第一眼就做出购买决定。所以，传统电商模式难以实现快速引流和变现。

2. 信任经济玩转社交电商的方法

社交电商则大不相同，通过建立相关社群，大规模吸纳对整个社群"气味"相投的人成为社群成员，并在时机成熟的时候，向社群成员推荐大家感兴趣的产品，这样就能够将社群成员有效转为社交电商卖家的流量，并由此产生实际购买行为，实现碎片化流量的快速变现。

然而，要想借助信任经济玩转社交电商，前提是要在用户中建立信任。那么具体应当如何做呢？

（1）卖爆款产品。好产品里有信任。所以，卖产品，实际上就是打造信任感的过程。好的产品才是与用户之间建立信任的基础。卖爆款产品，就要做到：

①真材实料。在任何时代，产品和服务都是企业竞争的核心要素。如果产品做不好，服务不到位，是很难深入人心并获得市场竞争力的。卖产品一定要坚持卖真材实料的产品，这是一件产品应当具有的最基本特性。能够给用户带来更加优质的产品，再加上高性价比，自然能够赢得用户的信任。

②高性价比。产品价格定得严重超过消费者预期，那么消费者自然会认为你的产品不具备高性价比，自然不会为你的产品埋单。所以，社交电商平台卖的产品一定要具有高性价比。

③引领潮流。产品还应该具备引领时尚潮流的功能。在这一功能的作用下，不但可以体现消费者时尚潮流的一面，还可以让产品在众多同类产品中更加凸显其优质的一面，在市场中成为他人难以模仿和超越的爆款。

④融入个性化需求。爆款产品要从消费者的痛点出发，融入消费者的个性化需求，从而让产品完全满足消费者的个性化需求。这种具有个性化特点的爆款与普通产品相比，其个性化特色更加突出，竞争优势更强。

（2）大V背书。在新浪、腾讯、网易等平台上，很多大V是有一定知名度的学者和名人，他们拥有众多粉丝。他们的一次转发往往会使一条微博迅速火起来。正因为如此，有人说这些大V其实已经是半个媒体，用一句夸张的话说就是：他们的言论和话题一出，能够在互联网上激起千层浪。

可见，大V的影响力不容小觑，大V在粉丝中具有很高的权威性和话语权，粉丝对其极其信赖。所以，如果社交电商平台找一些大V为其背书，那么就会将大V的大批粉丝转化为平台流量，并且为平台带来新的流量。而且这些流量因为对大V的信赖而对大V所背书的社交电商平台同样信赖。

（3）专业达人选品。专业达人往往在某一特定行业或领域中十分出类拔萃，他们具有很强的专业性，是某方面的专家。所以，找一些专业达人选品，并为消费者推荐宝贝，既能为社交电商平台做宣传，为平台增加无限流量，又能让消费者买得放心。

在互联网时代，人人都是自媒体，每个人都是一个"发声机"，每个人都是信息的传播源。但是，如果没有熟悉和信任背书，是很难实现真正意义上的传播的。尤其对于社交电商来说，如果没有熟人和信任，社交电商很难获得流量、增加销量。

第六章

最有"钱途"的七大社交电商运营模式

社交电商行业大爆发，先有拼多多、有赞、云集等社交平台崛起，后有淘宝、京东、唯品会等传统电商平台转型，一次次地将社交电商推到了风口浪尖。然而，无论是以社交电商起家，还是由传统电商转型，要想在社交电商领域分得一杯羹，关键还在于运营模式的打造。有前途的运营模式，能够让社交电商平台更有"钱途"。

第一节 "电子商务+社交"模式

当前，人人都在谈论社交电商，生活中也有许多购物是在社交电商模式下进行的。然而社交电商运营过程中，有几大主流的赚钱模式，其中最常见的就是"电子商务+社交"模式。

"电子商务+社交"模式，在具体运营过程中可以分为两种：

1."电子商务平台+社区"模式

以做电子商务为主，然后自己开个社区，主要做辅助工作。

（1）优点。通过与社区成员的沟通和互动，增加黏性，从而为电子商务平台增加客户，提升电子商务平台的销量。

（2）玩法。

①微淘。微淘是移动互联网时代出现的手机淘宝的变形版，将目光定位在移动消费领域，并将其作为流量入口。微淘将"以用户为中心"作为核心理念，微淘的每个用户都有自己关注的账号和感兴趣的领域。在微淘，用户借助订阅方式获取自己想要的信息和服务，运营者、粉丝之间通过账号产生互动。

常见微淘的互动游戏玩法有以下几种：

第一种：楼层类

■ 盖楼。玩法：粉丝需要对一定的问题进行回复，当踩到某些楼层时就能获奖。这种玩法实际上能够堆砌很高的评论数量，有的甚至粉丝能够踩到上百万楼层。这种玩法是微淘商家做互动的首选方式。

■ 整点抢楼。玩法：粉丝需要对一定的问题予以回复，踩到最接近某个时间点的楼层就能获奖。这种玩法有时间限制，既有挑战性又给人刺激的感觉，能很好地激发粉丝参与的积极性。整个游戏在互动过程中，能否成功获奖，重点在于粉丝自身的反应速度和运气。

■ 楼层抽奖。玩法：粉丝需要对一定的问题予以回复，然后利用楼层数抽奖。凡是抽中楼层的回复，则粉丝获奖。抽奖方式往往是双色球、3D彩票的数字。

第二种：图片类

■ 看图猜。玩法：粉丝需要对所提供的图片内容猜文字、人物、地点等。如果答对了，则有机会获得现金券。

■ 看图找茬。玩法：对两张几乎相同的图片找出不同点。

■ 拼图。玩法：将一张图片拆分成几个板块，然后将其打乱顺序，再加上序号，让粉丝拼回原图。

第三种：文字类

■ IQ题。玩法：设定一些比较有趣的、考验智力的题目，让粉丝猜出答案。

■ 找繁体字。玩法：将文章中的简体字转换为繁体字。

第四种：分享类

■ 分享PK赛。玩法：粉丝将微淘文章分享到各个社交媒体平台，并截图回复，就能获得相应的积分作为奖励。这种方式需要粉丝截图，提升了粉丝参与的烦琐程度，所以奖品也比较有诱惑力。分享PK赛互动方式适合自主增粉。

■ 亲友团邀请赛。玩法：粉丝主动邀请亲友团关注微淘，并留言表示支持该微淘，累积积分最多的粉丝则获奖。

②淘直播。淘直播，就是在淘宝平台上开辟的直播板块，通过主播与消费者之间的互动，使得品牌更接地气，使用户能够获得参与感。淘宝直播不仅可以迅速拉动购买人群，还可以提升品牌和商品的知名度，从而取得快速

引流、快速变现的效果。

淘宝直播的互动玩法有以下几种：

第一种：淘宝直播点赞

为淘宝直播主播点赞，是对主播人气的肯定。粉丝在线观看直播点赞，能够帮助商家判断粉丝活跃度（图6-1）。

第二种：读淘宝直播间评论

在淘宝直播间，粉丝可以随时发表问题和评论，主播会一一读这些问题和评论进行回答。这样粉丝的问题能够得到及时解决，粉丝的评论能够及时得到反馈，让粉丝有被尊重的感觉，从而愿意继续观看，愿意去了解主播推荐的更多商品（图6-1）。

图6-1 淘宝直播粉丝点赞、评论互动

第三种：淘宝直播红包、优惠券、秒杀

做淘宝直播的目的是卖更多的货，所以在直播过程中推出限量秒杀、优惠券放送的活动，能够激发用户的购买意愿（图6-2）。

第四种：点赞抽奖

当粉丝点赞量达到一定数量时，商家就会为粉丝抽奖，并向被抽到的粉丝发放定量的红包，或者赠送礼品、为粉丝免单。

第五种：每日任务

每日任务包括分享直播、发表评论、每日观看、加购商品、疯狂点赞、累计观看、查看宝贝详情等，用户每完成一项任务，就能获得相应的亲密度，并一步步将粉丝从新粉转化为铁粉、钻粉等更高等级（图6-2）。

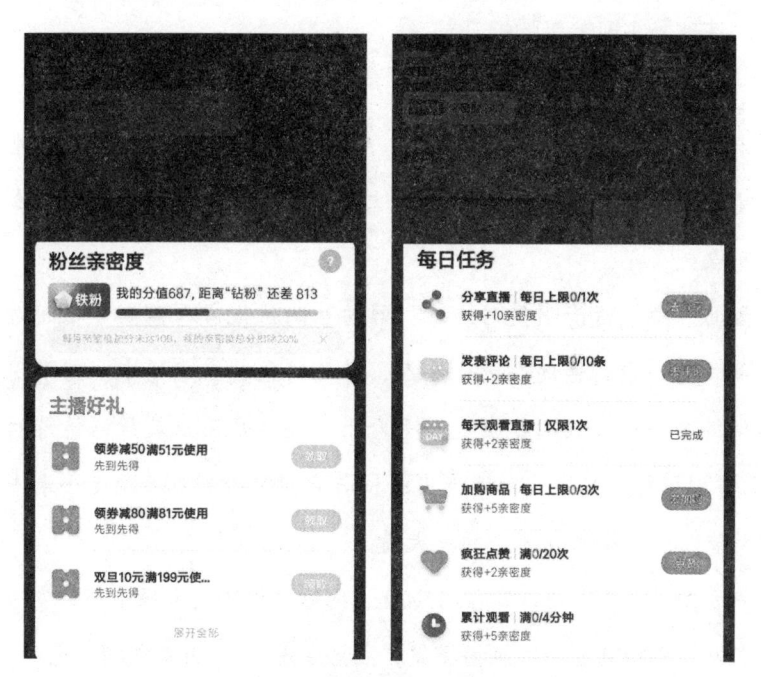

图6-2　淘宝直播优惠券、每日任务互动

2. "电子商务平台+KOL、网红、明星"模式

在原有电子商务平台上邀请KOL、网红、明星做活动，为平台引流。

（1）优点。电子商务卖家意识到通过增强社交属性能够帮助店铺增强用户黏性，并且还发现邀请社交领域的KOL、网红、明星作为自己商品的导购，能够为店铺带来更多的流量，增加商品的销售转化率。

（2）玩法。KOL、网红、明星本身自带流量，他们往往和广大消费者立场相同，他们围绕商品、品牌推出的相关内容更具有说服力，在细分小众人群中具有商业号召力，更能让人产生信任。同时，大量原创内容能够在用户中产生情感共鸣，使用户从理性消费变为感性消费，从原来只对商品本身品质、价格、功效、外观等硬性评估，变为对产品品牌价值的评估，使得他们选择商品的标准发生根本性变化，更加趋向于追求品位、价值。因此，KOL、网红、明星所生产的内容能够产生较好的社交效果，帮助品牌增加用户黏性，在信任的基础上实现销量的提升。

小米在举办红米Pro、小米笔记本Air新品发布会的时候，就是借助直播平台的力量开展的。小米在此次直播过程中增加了不少能够激发受众兴趣的看点和亮点：

一方面，小米邀请明星刘诗诗、刘浩然两位代言人前来直播间做客。这两位明星作为小米新晋的品牌代言人，各具特色。在直播中，雷军用小米手机给刘诗诗拍照，并且同步在直播平台上放映，让用户获得刘诗诗的"私藏照"，引得刘诗诗的广大粉丝连连尖叫，与此同时进一步展现了小米手机的优质拍照功能。这是小米发布会的一大看点。

另一方面，小米还邀请了各路KOL、网红主播等前来报道新品发布会的盛况。小米为邀请KOL、网红主播提供"主播专用车"，且都是清一色的奔驰。

小米这样做的目的就是通过明星、KOL、网红与粉丝的互动增加发布会的传播点。在发布会过程中，直播一度因为观看人数过多而出现信号中断的情况。这样更能引起受众的自发讨论和热议，为产品和品牌带来更大的曝光量和讨论量。

以上两种"电子商务+社交"模式，其实都是传统电子商务向社交电商转型的方法。这两种模式对于绝大多数普通卖家来讲，转型相对简单，且成本相对较低。

▶▶ 第二节 "社交平台+电商"模式

"社交平台+电商"模式，通常是从主题社区起家。随着社交媒体在人们生活中的广泛应用，"晒"旅游、"晒"美食、"晒"美颜、"晒"美衣等成为人们社交的一部分，而在"晒"的过程中也就隐藏了潜在的商业价值，旅游、美食、美妆、服饰等则成为社交平台商业价值得以显现的"窗口"，也由此衍生出了"社交平台+电商"模式，打开了社交平台走上社交电商之路的大门。

1. 优点

社交平台本身的功能就是社交，然而单纯的社交并不具有商业属性，更没有商业价值，但在社交平台上经商，将会收获意想不到的销售效果。由于最初是社区，所以聚集了大量人气，为后来基于社交平台与电商接轨提供了庞大的流量基础。有流量就有销量，这样社交平台从引入电子商务的那一刻起，便将其蕴藏的潜在价值发挥到了极致。

2. 玩法

社区内聚集的都是一些志同道合的人，他们有共同的喜好、习惯、兴趣，而他们中那些专业性强的人，往往更具话语权，是社群里的KOL、红人和导师，借助他们的力量为社区走"社交平台+电商"道路提供很多便利，既能满足人们的社交需求，又能带着大家一起玩，顺带将自己的商品向社区成员推荐。

小红书就是一个典型的生活方式分享社区。小红书的用户绝大多数是年轻用户，他们通过文字、图片、视频的方式记录人生中见证的正能量和美好生活，深受广大年轻用户的青睐。据最新统计数据显示，目前全球超过1.5亿年轻用户在小红书App上分享吃穿玩乐买的生活方式（图6-3）。

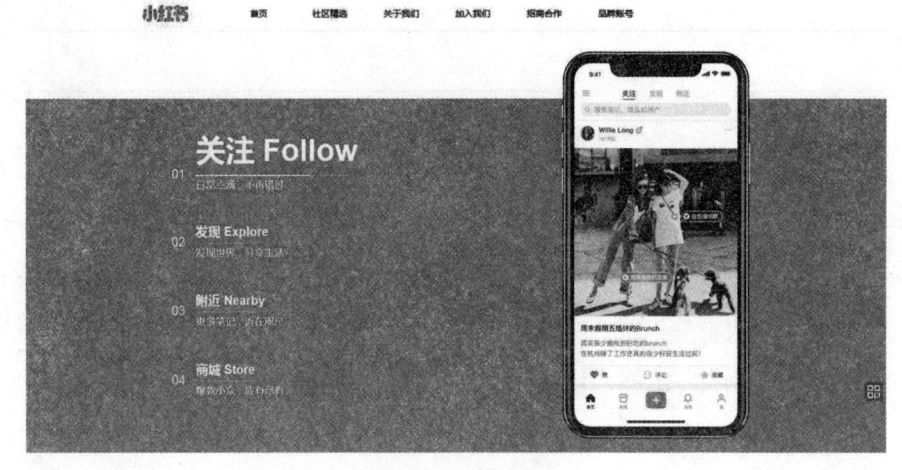

图6-3 小红书

如今，小红书开辟了基于社区的电商平台，即小红书商城，因此转变为一个社交电商平台，旨在帮助用户解决海外购物"买不到"的难题。

（1）观察人性，获知需求数据。小红书通过对平台上用户浏览、点赞和收藏等行为所产生的数据进行全面收集，从而累积了大量海外购物数据。通过这些数据，可以分析出平台上上亿用户最喜爱的商品以及全球购物趋势，在此基础上为用户收集其最感兴趣的商品和最好的商品，并用最简短的路径和最简洁的方法服务于用户。

（2）KOL在美妆品类中带货。KOL是为用户"种草"以及实现带货的关键，其带货能力也远超过明星。小红书的KOL主要在美妆品类中为用户带货，通过妆容、穿搭以及与用户的互动，为用户展现美妆产品，并为用户带去更加理性和中肯的建议，从而让用户"种草"。

目前，小红书建立的海外仓库已经遍布全球29个国家，旗下拥有超过50个品类，在品牌授权和品牌直营并行的模式下，为小红书用户买到优质价廉的正品提供了强有力的保证。

实际上，KOL、红人和导师推荐购买的方式适用于线上和线下。只不过在线上，就是"社交平台+电商"模式。

第三节 拼团型平台模式

自零售业进入传统电商时代，淘宝、京东就占据了大半个市场，苏宁、当当、唯品会等则凭借各自突出的优势，在零售领域打拼，并且小有名气。

但随着社交在人们生活、学习乃至购物中的不断渗透，像拼多多这样的拼团社交电商平台在微信等社交媒体上迅速崛起，成为一匹匹黑马向传统电商宣战，争夺市场。而这种拼团型模式则成为社交电商的一种十分重要的运营模式。

目前，走拼团路线的社交电商平台有很多，拼多多自然是众所周知的典范，除拼多多外，还有淘宝拼团、唯品会拼团购、京东拼购（见图6-4）、蘑菇街、拼好货、贝贝网、派派窝、网易一起拼、拼六六、拼团网、萌店等。作为金融领域快速崛起的一枝独秀——支付宝也开始玩拼团，推出"5折拼团"窗口，以此吸引流量。

图6-4 京东拼购

1.优点

拼团如此火爆，那么，社交电商的拼团模式究竟有哪些优势呢？

（1）社交特点突出，具有强效引流的作用。拼团，显然需要多个人共同努力，组团一起拼凑。这就充分体现了"拼团"的社交属性。而凡是参与拼团的人，通常都是身边的熟人，大家一起拼团，能够强化人与人之间的社交关系。但是，随着拼团模式在社交电商中的不断渗透，使拼团模式从最初的熟人之间逐渐扩张到素未谋面的陌生人之间，虽然大家互不相识，但都是具有相同喜好和需求的人，自然也能拼团下单。

（2）操作简单、易用。拼团对于大多数用户来说，简单易操作，能够轻松上手。其玩法是：用户看中一款心仪的商品，可以选择自己开团或者参与别人开的团中，然后通过社交分享平台邀请更多的好友参与进来拼团。在有效时间内拉进的人达到拼团人数之后，就意味着拼团成功，可以购买这款商品。

对于消费者而言，利用已有的社交关系拉人拼团，不但自己能够享受到实惠，同时还给自己的社交好友带来实惠。

（3）低成本获取流量。电商如果想要以最快的速度获取流量，那么微信这类社交平台无疑是最好的选择。拼团就是与微信合作，借助微信所拥有的庞大用户基础，为自己引流。正所谓"有人的地方就有流量，有流量的地方就有生意"。微信上聚集了超过10亿用户，如果能将这10亿用户转为自己店铺的用户，那么所带来的利润就极为可观。再加上通过微信凑人数拼团，使得用户自主转发和分享能够为其节省大量的宣传费用，还能为商家的流量进行快速裂变，这既是一种营销手段，也是一种引流方式，更是一种销售渠道。

总之，以上三方面体现的是拼团的本质，即广告+薄利多销。

2.玩法

拼团的玩法通常有以下几种：

（1）抽奖团、试用团。抽奖团和试用团是拉新的最好方式，这两种玩法加在一起，能够获得的新客数量占总新客的40%（见图6-5）。另外，从这两种拼团衍生出来的还有新人团以及老带新。新人团是指新注册的用户，直接引导进入新人拼团赚取，只有新人可以享受这里的低价格，这种方法旨在鼓励新用户下单。

当用户开团并成功成团，在成团后规定的时间内，系统会在团中抽奖，凡是被抽中的用户均可以获得此商品。而未被抽中的用户，系统会自动退款到用户账户中，同时还可以获得相应金额的优惠券，作为拼团失败的补偿。

图6-5 抽奖团、试用团页面

这两种拼团模式通常是以价值高、噱头大、话题等进行传播，其售卖的产品大多数是数码3C（Computer计算机产品、Communication通信产品、Consumer Electronics消费类电子产品）类产品。

（2）超级团、秒杀团。所谓超级团，就是因为参团人数较多，通常为50~200人而组成的团，然后根据参团人数来制定价格层级（见表6-1）。这种方法能够很好地沉淀新用户，带动新用户下单。

表6-1 超级团阶梯人数与商品价格

阶梯团人数	单独购买	50人团	70人团	100人团	150人团	200人团
阶梯商品价格	100元	95元	85元	70元	60元	50元

①超级团。在设定的时间内，页面的列表和详情页中都有直接参团按钮，无须开团，支付后就意味着参团成功，有兴趣的可以向自己的好友等发起邀请，参团人数达到一定规模之后，说明组团成功，平台商家会立即发货。当人数达不到规定参团人数时，系统会自动退款。

②秒杀团。秒杀团往往在时间上做出精准的规定，从而造成一种紧迫感，让用户抓紧时间购买。秒杀团通常设有秒杀时限。

超级团和秒杀团是很好的沉淀新用户的渠道，能够为平台带来较高的复购率，也是作为对老用户的一种回馈。

（3）海淘团。海淘团以低价拉动有海淘需求的顾客的消费，而销售价格比普通网购平台的同类商品高出2～6倍，而且为用户提供高端商品，以提高整个团购板块的格调。

海淘团和普通团购基本一致，可以自己开团，也可以邀请好友一起参加，组团成功后即可发货。如果已经有人开团，可以直接点击参团按钮，参与到别人组建的团中，组团成功后即可坐等收货。

（4）团免团。团免团既是为了鼓励新用户下单，也是为了留住新注册用户，为其专门提供的一张"团长免单"券。凡是获得"团长免单"券的用户，可以点击免单券进入商品列表中，选择自己需要的商品下单购买。用该券可以抵付商品金额，相当于免费开团。之后，"团长"要做的就是邀请好友参团，达到开团参与人数后，即开团成功，"团长"就可以免费获得该商品。

这种团免团玩法可以让新客快速成长，并拉拢更多的新人成为新客，有效转化了熟人关系，为平台和商家带来更多的流量。

总之，拼团模式对于平台和品牌商来讲，拼的就是流量和销量；对于用户来讲，拼的就是实惠。如果不能满足用户的占便宜心理，商品一旦不实惠，这种模式就很难继续进行下去。

第四节 分享砍价模式

传统商业模式下的购物场景是：买家为了买到所需的商品，往往不惜浪费时间排长队，买货时，往往喜欢跟商家砍价，而商家有时候也愿意接受砍价，希望通过给买家抹个零头，换来回头客和为商家介绍、拉新客。

如今社交电商时代，这种砍价拉新的方式依然是一种低成本获客、实现拉新以及留存的有效方式。分享砍价的本质就是一种广告宣传。

1. 优点

社交电商得以迅速崛起，是因为社交电商是建立在社交关系链稳定的基础上实现的高沟通、强传播互动式营销。而分享砍价玩法，则是用户自身在享受优惠的同时，能够通过裂变的方式向其周围的人，包括熟人以及社群中素未谋面的陌生人分享和传播相关商品购买信息，从而刺激更多的人消费。

具体来讲，分享砍价的优点在于：

（1）巧妙利用了人性。占便宜心理几乎是人人都有，砍价就是巧妙利用这种人性，激起了很多人参与的热情和积极性，不仅给商家带来了客流量，还能有效吸粉，实现品牌的快速传播，带来销量的提升，可谓一箭三雕。

（2）巧妙利用了社群。分享砍价活动就是以让利作为噱头，让用户在娱乐、分享中将这个噱头通过社交平台传达给自己所在圈子中的其他人，并且圈子中的朋友会对这个噱头进行交流，相互帮忙，在社群内部实现了良好的"病毒式"传播。

2.玩法

分享砍价玩得好，才能产生理想的社交裂变，为商家带来巨额盈利。通常，分享砍价的流程是：

（1）社交电商平台借助第三方砍价小程序。商家向买家让利，给出商品底价，同时在砍价人数和活动时间上进行设置，之后买家就可以分享砍价链接给好友，好友则通过点击链接帮助其砍价，当砍到底价的时候，即算砍价成功，可以以底价购买商品（见图6-6）。

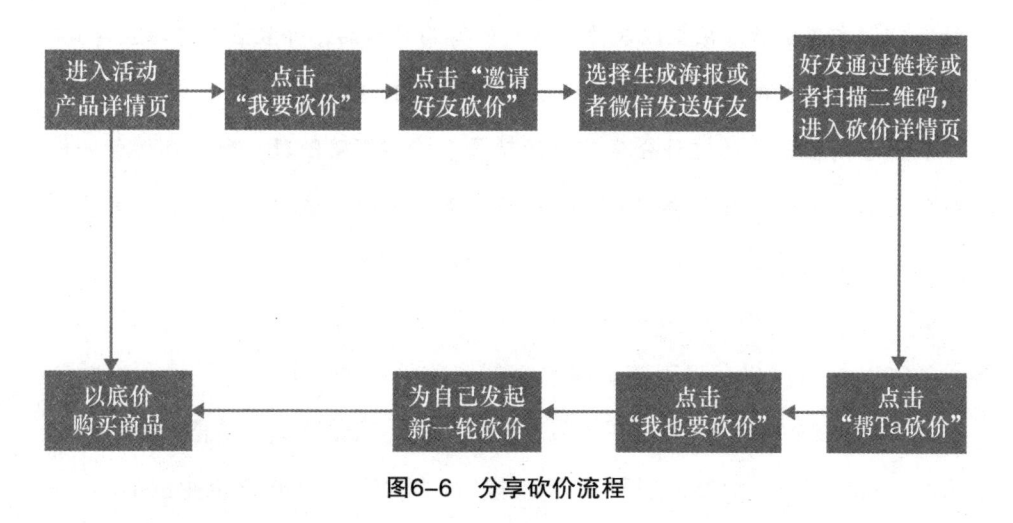

图6-6 分享砍价流程

在分享砍价的玩法中有以下几个细节：

①每次好友可以砍掉的金额都具有随机性，并且通常按照时间先后顺序，被砍掉的金额开始的时候较大，随后变得较小，之后再变小，再之后变大。

②可以发起砍价是平台的会员，而帮助砍价的是"游客"，即会员的好友。

③在砍价过程中，活动可以随时终止，也可以进行到砍价活动结束为止。

④砍价成功后，购买流程与普通商品的购买和发货流程相同。

⑤砍价商品通常不参与其他促销活动，如打折、满减、优惠等。

⑥设置帮好友砍价或者拆红包等行为，可以让用户好友同样获得砍价机会。

⑦小程序端第一次添加砍价模块时，需要重新发布才能生效。

这种分享砍价玩法适用于有第三方小程序的商家以及商城网站。

同程艺龙在其小程序"同程艺龙酒店机票火车票"开辟了一个酒店分享砍价活动。凡是参与的用户都可以在下单后通过邀请好友帮忙砍价的方式，最高可以在原价的基础上以砍掉五折的价格购买商品，并且最多可以获得100元的返现，用户在成功入住酒店后还可以领取相应的返现。

由于同程艺龙的这种分享砍价活动属于前期探路阶段，所以在运营一段时间之后，并在充分收集用户反馈以后完善分享砍价流程和体验，待完善后再次华丽上线，作为一个长期板块为用户服务。

（2）微商、公众号引流。在官网创建砍价活动，并且在线设置相关信息，包括基础设置、砍价设置（包含砍价目标、砍价次数、价格阶梯、兑奖方式、操作提示、兑奖体制等）、商品设置、高级设置（包含企业LOGO、功能按钮、微信分享图标、微信分享内容、技术支持、页面加载图片等）。设置好二维码后，点击按钮即出现二维码页面，长按可识别关注公众号或者添加好友。

需要注意的是：

①在砍价设置中，设置砍价的价格阶梯很重要，通常的玩法是如果帮忙砍价的是老用户，则砍价从几元起；如果帮忙砍价的是新用户，则砍掉的价

格一般比较高，目的是吸引新用户下载App。

②要让发起者时刻认为自己离成功越来越近，最好使用"高原价+N个低价"的组合模式，让发起者认为自己马上就能砍价成功了。

③在砍价过程中融入游戏化元素，如添加道具、任务体系等，这样可以让枯燥的砍价变得更加好玩，有效刺激用户分享或发起新的砍价。

总之，社交电商借助分享砍价玩法，不但为平台拉新并提升了销量，还因为这种低价购买商品的方式获得用户的"好感"，受到用户的追捧，从而引爆电商行业的新一轮红利。

第五节 微分销模式

在微信朋友圈中，有人经常分享某些课程海报、某些商品的链接。这样，很多微信好友在点击之后，不知不觉就购买了推荐产品。另外，微信好友会收到推送提醒：你的好友购买了某产品，获得了多少元奖励。这种奖励模式甚至使得有些人除了工资之外，还通过奖励来增加自己的工资收入。

而这种产品推荐和信息推送提醒方式实际上就是社交电商的微分销玩法。

分销是指平台在众多供货商中选出优质供货商，用户可以从供货商那里直接代销商品，通过社交渠道，如微信、微博、QQ等圈子关系分享给好友，好友购买后，由供货商发货，并向用户返还相应佣金。如果是多层级分销，则直接购买者的多个上级均可获得佣金。在整个过程中，用户即分销者，分销的基本作用就是实现产品从供货商向广大用户的大幅转移（见图6-7）。

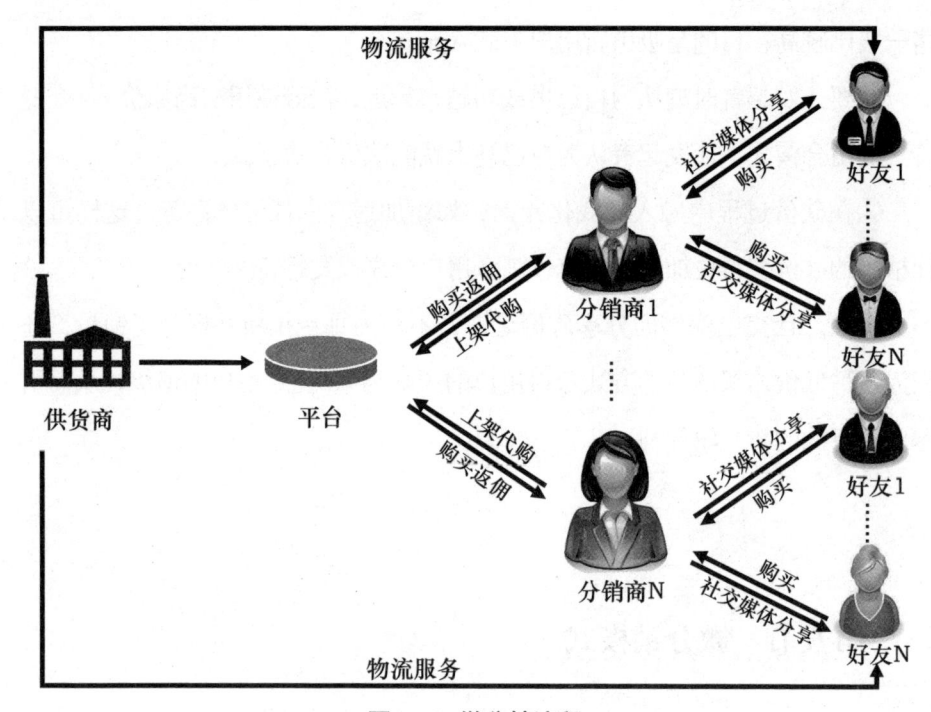

图6-7 微分销流程

事实上，微分销是商家借助用户的社交关系，通过社交圈子，将用户在广告宣传之后所产生的实际销售笔数和赚得的实际金额，付给分销员提成和费用。微分销的产品营销并不只局限于产品内容，还有多种裂变和玩法。

1. 优点

作为社交电商的玩法之一，微分销能够得以实现的基础就是人与人之间的社交关系。以人脉为渠道，以熟人背书，使得商品在一层或多层级人脉中实现快速传播。

对于供应商来讲，可以利用消费者的社交关系扩大商品传播的覆盖面积，有效实现了产品的传播和裂变，实现了低成本拉新，低成本流量变现。

对于分销员来讲，无须承担仓储风险、无须担心货源。

对于平台来讲，是沉淀和聚合用户的很好方式。

微分销能够实现低成本快速拉新、快速流量变现的原因是：

（1）利益驱动。重赏之下必有勇夫，金钱的利诱是用户实现自驱动的最有效手段。微分销可以为学生党、宝妈、退休人员提供很好的赚钱机会。此外，微分销本身投入成本低，且易操作，人人皆可经营。且无须他人帮助，就可以实现自己进货、自己打包发货、自己做客服，只要能够做到熟练发朋友圈、发微信群，即可拉动好友购买。有的供货商会为分销人员免费设计相关的宣传海报，提供各种营销文案，这些只要分销人员会简单地复制粘贴操作，就可以快速、轻松完成整个营销流程。

（2）从众心理驱使。从众心理是一个非常重要的切入点。很多人在看到朋友圈内的好友将做一些微分销作为副业，每月能带来一笔不菲的外快，所以在从众心理作用下，就会按捺不住，希望朋友介绍自己能做同样的小生意。这样，一部分人的行为就会波及一批人，参与分销的用户规模就像滚雪球一样越滚越大，带来的流量自然也就越来越多，变现的数量也会越来越高。

（3）沉没成本促使积极投入。很多供货商会设置准入门槛，用户需要付出沉没成本（已经发生的但不可能收回的成本，如时间、金钱、精力等）。这样，为了快速赚回自己付出的这部分成本，用户会更加积极地投入分销工作中。

云集设置了一个准入门槛，凡是参与分销的人员，首先要购买一个价值为399元的指定礼包，而这个礼包会包装成价值大于399元的样子。分销员在支付了399元之后，不甘心自己有任何损失，就会快速将这399元的成本回本。在这种金钱利益的驱使下，他们会带着压力和动力去推广产品，去拉更多的人。

2.玩法

临时营销的主要目的就是通过开展营销活动，激励老用户在自己的圈子里，如朋友圈、微信群、QQ群、QQ空间、社群等进行产品宣传和品牌传播，让更多的新用户体验产品，并且在一定程度上为老用户带来可观的现金奖励。

举个简单的例子。供货商举办一个为期30天的"分享好友赚现金"活动，分销员就是供货商的老用户，而老用户在分享链接之后，好友访问链接，并且可以享受低价优惠。而分销员则可以获得好友消费实付金额20%的现金奖励。这种临时营销方式能够在短期内实现以老带新，扩大产品的消费群规模。

微分销能够让用户通过社交渠道，尽可能多地激活新用户，可以实现快速裂变，实现销售的快速转化。所以要想微分销玩得更好，就需要设计一整套完整的分销管理、培训、现金提取机制等，使得流量实现从城市向农村的下沉。但因其形式类似于传销，所以在模式的合法性问题上目前还存在一定争议。

▶▶ 第六节 三级分佣模式

三级分佣模式是拼团和分销模式的融合，主要特点是借助拼团的裂变能力和分销的返佣机制，鼓励用户主动参与拉新任务，并主动为产品做宣传

（见图6-8）。

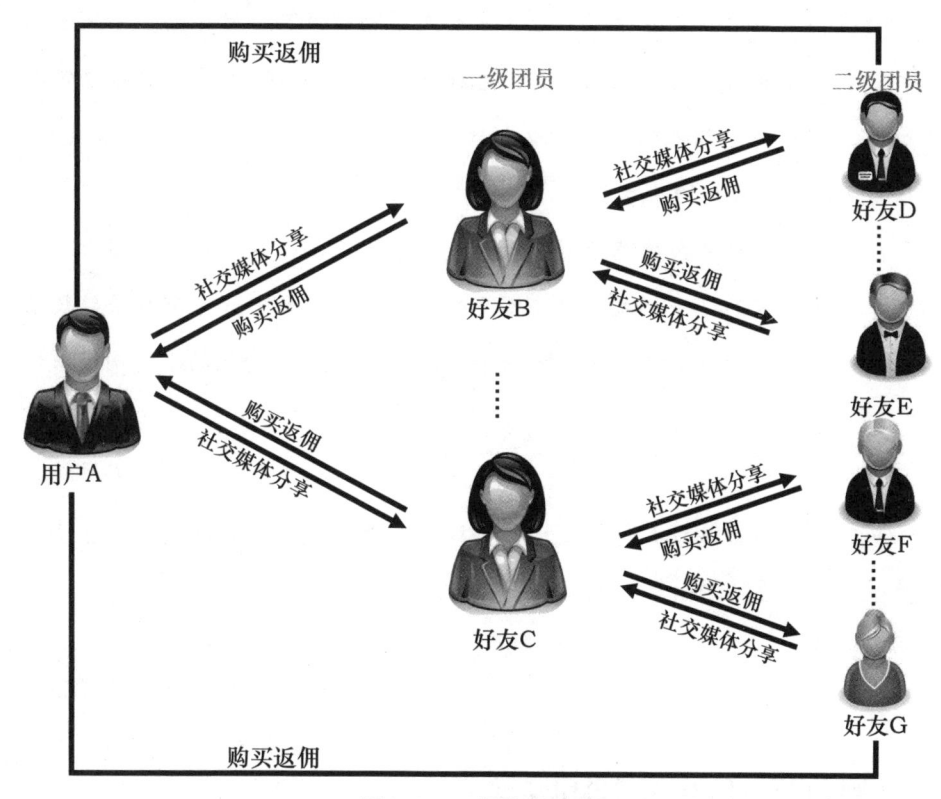

图6-8　三级分佣流程

1.优点

三级分佣是基于拼团和分销模式相互融合后的一种创新，自然也就具备了拼团和微分销模式的优势。

2.玩法

简单来讲，假设用户A开团，之后通过社交自媒体平台将链接分享给自己的好友，当好友点击链接之后便成为用户A的一级团员，而一级团员开团后的一级团员则成为用户A的二级团员，用户A的一级团员和二级团员购物后，用户A分得相应的佣金。

小黑裙是一个基于拼团和微分销的三级分佣模式。小黑裙最核心的特点是全员分销，用户只负责供货，让更多的人帮助卖产品、做分销。小黑裙的模式是投入30%的利润做三级分销，也就是把售价的30%作为小黑裙分销人员的佣金回馈给分销人员。基于这一模式，小黑裙节省了大部分广告成本、渠道成本和销售人员的薪水。

小黑裙的这种熟人推荐让每个人都能成为代言人，并在代言过程中获得奖励。小黑裙借助这一模式在朋友圈里一夜爆红，平台上线一个月粉丝数量为1万，上线3个月的时候，粉丝数量猛增至20万，这些粉丝的平均购买转化率达到4%。

总之，三级分佣模式是社交电商中粉丝快速裂变的制胜武器，能够使一件产品和一个品牌的粉丝倍增、销量倍增。

▶▶ 第七节　C2B定制团购模式

时代在发展，社交渠道越来越多，人与人之间借助社交自媒体沟通越来越频繁，再加上用户越来越注重生活品质，越来越注重自我个性化需求的满足，对于商品选择的话语权也越来越强，未来的购物模式因为用户消费观念的转变而发生改变，从"人—场—货"（商家生产什么，用户就购买什么），变为了"人—货—场"（用户有某种购买需求，商家根据用户需求生产产品）。在这个全新的消费特点的基础上，C2B定制团购成为社交电商的又一种新玩法。

C2B定制团购模式,其实就是用户组团订购,商家按需生产。商家可以给出低于市场零售价格来出售平常买不到的优质产品和服务(见图6-9)。

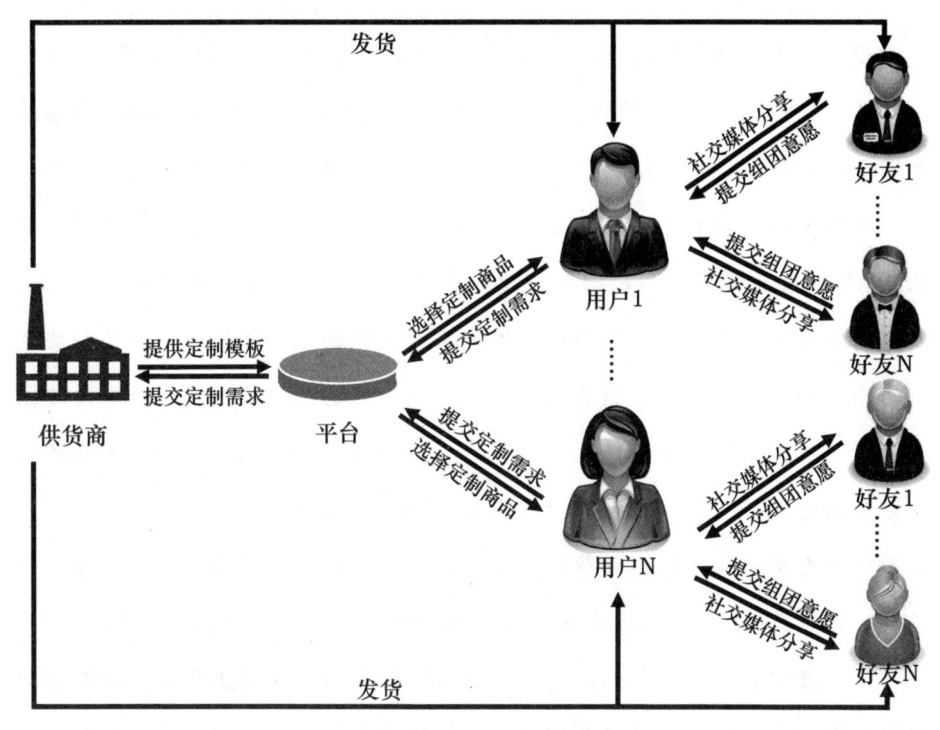

图6-9 C2B定制团购模式

1.优点

C2B定制团购模式有两方面优势:

对于团购用户来讲,一方面,能购买到更加适合自身需求的产品;另一方面,多人一起购买,能够加大与商家谈判的成功概率。

对于商家来讲,一方面,实现了按需生产,可以有效控制库存积压带来的成本浪费;另一方面,团购定制还可以解决商家单人定制生产的成本问题。

2.玩法

C2B定制团购模式,其实是用户提出自我个性化需求,并通过社交渠道自发邀请好友组团,凡是与发起人有相同个性化需求的人,都会参与到组团活动中，并且由发起人向商家提起具有特定需求的团购申请，商家接单后为拼团成员生产相应的产品，并发货到每位团购成员手中。

西安伟志职业装集团股份有限公司（以下简称"伟志服饰公司"）成立于1987年，发展至今，一路经历了风雨坎坷，见证了时代的变化，能够依然在服装市场屹立不倒，关键就在于它强大的适应能力，以及不断变革和转型的决心。

如今，社交电商红利凸显，伟志服饰公司依然能抓住互联网的"小尾巴"，创新营销模式，用C2B定制团购模式，在线上开辟了伟志服饰团购板块，消费者可以在伟志服饰平台上根据平台提供的定制模板选择自己想要定制的商品和个性化需求，然后通过社交平台向自己的好友圈子、社群发起团购邀请，有相同商品和个性化需求的好友则加入团购行列，当团购人数达到一定值的时候，发起人就可以向伟志服饰团购平台提交个性化定制订单，然后团购平台再将相关定制细节反馈给生产部门进行生产。所有团购产品生产完毕，再将产品发到每位参与团购定制用户的地址。用户坐等收货即可。

伟志服饰公司能够时刻以用户为中心，站在用户立场上尽最大的努力为用户提供更加能够满足其消费需求的个性化定制产品，也因此赢得了服装市场中用户的芳心。如今伟志服饰公司在全国拥有500多家特许加盟店，年销售收入超过3亿元，年利税总额将近3000万元，并连续被中国服装行业协会授予销售、利税总额"双百强"企业。

显然，在当前社交电商崛起的时代，伟志服饰公司又走在了服装领域转型的最前列，在服装市场中赢得了属于自己的一片天。

C2B定制团购模式是社交与消费的结合，是社交电商中快速获取流量，大幅斩获销量不二之选。相信这种玩法在社交电商领域的应用将会更加普遍。

第七章

社交电商运营实战技法

在淘宝兴起那几年，电商模式单一，随着各路电商平台如雨后春笋般崛起，电商市场红利逐渐消退。而此时社交软件逐渐火热起来，借助移动智能设备进行线上社交，已经成为一种潮流。虽然社交平台的属性不是商业，却蕴含着巨大的商业价值。"社交＋电商"可以产生巨大的商业价值，为电商带来巨大的流量。社交电商的快速崛起绝非偶然，其背后是十分强势的运营技巧。

第一节 无分享，不社交；无社交，不成交

当前，"分享"成为我们生活中出现的高频词汇，人与人之间也乐于分享、勤于分享。"分享"已经走进了我们的日常生活。

一方面，分享经济在全球范围内掀起了一场高速发展的热潮，成为全球经济增长的新亮点。分享经济是在市场经济不断发展中形成的一种商业模式，是对商业模式的一种创新。分享经济通过将社会中的海量、分散、闲置的资源进行平台化、协同化，实现资源的重复使用和供需匹配。

另一方面，朋友圈、QQ空间、微博等社交平台成为人们乐于分享生活、分享喜怒哀乐的自由地带。将自己的私生活、内心的小情绪"吐槽"给自己社交圈的人，能够给人一种敞开心扉的感觉，让圈子里的人更好地了解自己，从而在圈子里进行讨论和回复，这样就让社交圈内的人与人之间的社交频次更高。可以说，无分享，不社交，有了分享，才能让社交变得更加热烈。

互联网时代，本质就是实现一切的连接，而在移动互联网时代，不仅是人与人之间的简单聚集，更重要的是强调服务、信息以及内容的整合输出，社交电商就是基于人与人之间的社交而构建的电商运营模式。没有基于人与人之间的社交，社交电商模式就不能在现实商业活动中正常、持续运行，就不能更加快速地产生购买行为。因此，可以认为：无社交，不成交。

显然，这即是所谓的"无分享，不社交；无社交，不成交"。在这个人人社交的时代，营销产业发展的最大变革就是：用户自发在社群中推荐和分享产品，使更多的人产生购买行为。这样使得原来的"人人都是消费者"逐渐转变为"人人都是消费商"。"自用省钱、分享赚钱"的消费观念已经深深根

植于用户的心里，在消费的同时，将自己的消费体验、经验通过社交平台分享出去，当好友有同样需求的时候，自然就会下单，从而形成了一个交易闭环，为社交电商带来巨大盈利。

拼多多是借助分享经济掘金社交电商的典范。拼多多通过好友拼团、分享互惠等方式，以低价商品吸引用户，让用户一传十、十传百地进行分享，并在分享的基础上积累了大量用户。在整个运营过程中，拼多多的获客成本也大幅降低。由雪球网发布的一份研究数据报告中显示：拼多多在前几年平均获客成本不足10元，虽然当下的获客成本有所提升，达到了24.3元，但相比传统零售和传统电商的获客成本而言还是极低的。有一组数据显示：阿里巴巴旗下的电商平台、京东商城两大电商巨头当下的平均获客成本分别为310元/人、225元/人。显然，拼多多借力分享经济，以低成本赢来更多流量的模式更具优势。

那么，如何才能让用户乐于主动分享，并促成交易呢？

1. 打造极致产品和服务

根据用户分享的内容来看，能够促使其分享的主要还是让自己尖叫的产品和服务。相比普通产品和服务，那些堪称世间少有、难得一见的极致产品和服务才能让用户为之尖叫不已。社交电商能够得以正常运营的基础就是极致的产品和服务。平台的落脚点在于人与人之间的分享，而要使这种分享能够得以实现，最重要的还需要回归到产品和服务上，这是人们能够自发分享的基础。所以，商家需要用匠心精神打造每一件产品、每一次服务，将每一个细节做到极致。只有好东西，人们才会主动分享，才会不断分享，将这种分享行为连续不断地延续下去，从而实现产品生产和消费的匹配，这也是社交电商发展的根本所在。

2.产品高性价比

能够让用户为之心动的，除了精致的产品和贴心的服务以外，最重要的就是产品的价格。因为能够花小钱办大事是一个人会生活、善于"淘宝"的证明。再加上几乎人人都有占小便宜的心理，如果能在购物过程中买到性价比极高的商品，人们往往会向自己圈子里的人炫耀一番。而高性价比更加具有诱惑力和魔力，用户将高性价比的产品链接发送到朋友圈中，人们会因为"白菜价"而抵制不住诱惑，即使对当前这件商品没有急切需求，也会因为便宜而囤货，以备不时之需。

总之，移动互联网时代，人与人之间的交流变得更加频繁和密切。正是社交时代的到来，使得人与人之间的关系从基于信任的社交走向基于产品销售的交流分享，分享使得社交的频繁性和密切性进一步加剧，并在此基础上实现了成交概率的快速提升，为社交电商平台带来了巨大的产品销量。

▶▶ 第二节 寓购物于娱乐，消费更轻松

社交电商的概念被提出至今已经有四五年时间，但一直以来都处于概念和应用的摸索阶段，随着技术和市场需求不断爆发，以及网红经济、熟人经济、信任经济的不断融合，社交电商开始真正崛起，并以势不可当之势碾压传统电商，成为电商领域的一股新兴、强势力量，推动电商产业不断向前发展。

2018年7月26日，拼多多在美国纳斯达克正式挂牌上市。拼多多上市的消息一经传出，电商市场中又引起新的反思：在社交电商这条道路上，究竟

如何玩儿？趋势如何？这些问题的答案将会给社交电商们的发展指明方向。

从当前市场发展现状来看：一方面，在消费者需求层面，首先，对于每个人而言，为了生存和生活得需要工作，即满足自己生活需求的衣食住行。其次，人是社会动物，无论做任何事情都需要与他人进行社交，在工作和生活之余也需要娱乐，以缓解生活压力和烦恼。通常的娱乐包含书刊、电影、游戏、体育、音乐等让人身心愉悦、放松的内容。而社交工具，如微信，其中就有听音乐、看书、玩游戏、视频等功能，用户也愿意为这些内容付费，为公众号优质的内容打赏。显然，娱乐作为润滑剂，将社交与商业两个原本没有任何交集的活动更好地融合在一起，并产生意想不到的商业价值。因为人们愿意为了娱乐付费。

另一方面，在传统电商发展现状层面，传统电商已经暴露出诸多弊端，如社交关系弱、获客成本逐渐增高、客户黏性越来越差。而这些问题在基于娱乐属性的社交电商那里却得到了很好的改善。

所以，这两方面正好说明，未来娱乐元素融入社交电商中将成为一种必然趋势。

让社交电商具有娱乐性，其目的就在于借助良好有趣的互动，实现消费者对优质内容或产品的认同，并通过用户主动分享产品的方式为产品口碑做宣传，以达到引流和变现的目的。若想让社交电商平台保持差异化、保持核心竞争力，娱乐化是一条非常不错的渠道。

顺联动力是社交电商具备娱乐属性的典型代表，在当前的社交电商娱乐化应用中做出了很多大胆的营销举措。

顺联动力 App 在改版升级之后，在主页个人中心板块中增添了"砸金蛋"等娱乐化功能应用，这种创新方式带动了用户权感官参与，赋予用户更强的代入感和想象力，营造出一种全新的沉浸式购物体验。同时，顺联动力还通过砸蛋中大奖、积分兑换消费以及优惠券抵扣等互动方式，在社交圈话题的持续升温，再加上商城严选多款优质商品在社交平台上进行分享，使顺联动力App强势吸引流量，更拉长了用户在平台上的停留时间，有效地留住了流量。

顺联动力的这种娱乐化创新战略，在实际应用中取得了不错的效果，在3天内增加的新用户数量就达到了30万，最高同时在线人数超过了100万人，较之前实现了流量的大幅提升，口碑人气双丰收，由此带来的销量更是不言而喻。

那么，娱乐化元素融入社交电商运营中，应当采用哪些具体手段来实现呢？

1. 黑科技娱乐融于社交电商强力吸金

能够吸引人眼球的方法就是最好的方法。当前是互联网时代，人们获取信息的渠道越来越便捷化，获取信息的内容越来越新奇化，正是基于这两个原因才使人们对互联网情有独钟，将互联网融入我们生活的方方面面。再加上科技的不断进步，一些让人称其为黑科技、新技术（如VR技术、人脸识别技术、智能技术等）的出现拥有更高的关注度。在社交电商发展的趋势下，这些也成为社交电商吸金的法宝。

云集品为了实现全面升级，先后引入了诸多高新技术：

借助AR技术，将真实环境和虚拟物体相融合，以更加具有科技感和现代感的形式为商家引流。

借助VR技术，充分利用其给人带来沉浸式体验的特点，将VR游戏互动融入平台中，用户可以通过VR游戏互动获得线上商城消费的优惠券，有效刺激用户的购买欲望。

借助人脸识别技术，应用于家具、家电、服装类产品，通过模拟真实的使用场景，将用户的感官体验融入整个消费过程中，如试戴首饰及试妆等，以增强用户的消费参与感，提高购买意向。

总之，云集品作为一个娱乐型社交电商，围绕着AR技术、VR技术、人脸识别技术全面挖掘生产力和创造力，打造出让用户的消费过程更具娱乐化特点，满足了用户对"娱乐"和"社交"的新需求，有效提升了用户的兴趣，为用户带来了全新的购物体验，这些必然能够为云集品带来非常可观的产品销量。

2.游戏积分体系融入社交电商

游戏作为一种娱乐化产品，是不会受到人们的反感和排斥的，甚至还能提升人们的兴趣。游戏积分奖励是一种能够很好地将用户和平台捆绑在一起的方式，同时还能让用户通过游戏分享好友的方式，为平台增加流量，有效增加用户黏性，为平台带来优质客户。将游戏积分体系融入社交电商，为社交电商平台提供了丰富的入口，同时店铺内的积分转化规则还可以由商家自主决定，如积分抵现金、积分兑换优惠券等方式，可以帮助商家更好地将现金流掌握在自己手中。

3.视频直播带来边玩边买新体验

社交电商是基于关注、分享、沟通、互动等社交化场景进行的电子商务活动。视频直播却能够带来所有有关关注、分享、沟通、互动的社交化场景。视频直播与购物相结合，更多的是满足用户的娱乐需求，让用户边看直播，边讨论互动，边购买产品。这种"边玩边买"的新体验在全方位展示商品的同时，还能通过与众不同的购物体验让用户更愿意为商品埋单。

人人咖是国内首家将短视频、直播、购物三者融为一体的社交电商平台。人人咖基于短视频、直播的社交电商平台在满足用户娱乐情感需求的基础上，通过直播、短视频的形式向用户展示商品，为用户带来立体式视觉购物体验，让用户轻松享受购物的快乐。此外，用户可以在观看视频直播的过程中，关注和分享直播内容，并且与其他围观者产生良好的讨论、沟通和互动，在"边看边聊、边看边买"中实现轻松购物。

总之，在社交化电商时代，用户更加青睐轻松愉悦地购物，娱乐化成为吸引用户、留住用户，提升销量的关键。

▶▶ 第三节 精准"杀熟"才能杀出未来

互联网、移动互联网的发展，使信息和流量的碎片化和去"中心化"特点越来越显著，所以用户获取消费资讯和产生消费行为的场景也越来越广泛。传统电商的"货架式"销售模式已经很难满足用户的消费需求，社交电商的出现则一改传统电商的销售模式，从原来的用户主动搜索变为熟人之间的推荐和分享购物。这种全新的购物方式给用户带来了更加愉悦和舒适的购物体验，是传统电商基础上的一次飞跃。

社交电商重在"社交"，专注于最大限度地获取流量，培养用户的行为习惯，从而实现流量向销量的转变。在这一过程中，"熟人经济"能起到十分重要的作用。建立在熟人基础上产生的信任，才是推动用户产生购买行为的本质原因。所以，"杀熟"才能杀出社交电商的未来。

云集品是一家以广大中低收入用户为主要营销对象的跨境电商平台，旗下有母婴用品、美妆个护、服饰鞋帽、户外运动、食品酒水、钟表首饰、数码家电、汽车用品等大众日常生活用品。此后，云集品开始借助直播平台向社交电商转型。

云集品TPS社交电商模式就是"熟人经济+信任经济"。云集品TPS社交电商针对新生代消费主力军"85后""90后""95后"的个性消费需求，推出高品质、个性化、有温度的情怀理念产品，营造"消费+分享"的平台模式。

同时，云集品TPS社交电商平台还借助人与人之间的熟人关系，构建彼此之间最基本的信任，使其中一个人成为商品的推荐者，凭借彼此之间的信任，与之产生的每个人都有可能成为平台的购买者。即使不是购买者，也极有可能成为平台和产品的宣传者。这样就使产品在信任关系的基础上，经过推荐和分享构成平台的"销售圈"。正是基于这一点，云集品TPS在问世之初就受到了人们的关注。

1.熟人经济

那么什么是"熟人经济"呢？从字面意思可以看出，就是做熟人生意。社交电商迅速崛起的本质就是熟人经济。

社交电商的熟人生意并没有我们想象得那么简单。通常，熟人之间的关系分为三种：

第一种，深层关系（强关系）

即亲人、同学、朋友、闺密、同事之间的关系。

第二种，中层关系（弱关系）

即交情并不是很深的普通朋友之间的关系。

第三种，浅层关系（弱关系）

即未曾谋面的陌生人之间的关系。

这三种关系中，只有深层关系中的人与人之间更为熟悉，交集更为密切，而彼此之间在相处过程中，对各自的人品、性格、诚信度、喜好等非常熟悉。

在这种关系中做社交电商，熟人的转化率必定达到最大化。因为无论在哪里买东西，总归是要付钱的，只是在熟人关系中，大家想到的概念一定是高性价比、更实在、更可靠。这正是基于熟人经济的社交电商复购率高、口碑传播快、用户信赖度高的原因。

2. 精准"杀熟"方法

但是，中层关系和浅层关系作为弱关系，社交电商该如何实现销售的转化呢？进行社群运营是最好的方法。社群能够将许多未曾谋面但兴趣相投的人聚集在一起，借助一定的社群运营技巧，能够帮助社交电商平台实现最大限度地获得精准流量，进而最大限度地提升销售转化率。那么社交电商平台该如何进行社群运营，实现精准"杀熟"呢？具体步骤如下：

第一步：自我识别

社交电商平台首先要认清自己的核心优势和劣势在哪里，包括核心能力、资源、当前行业的竞争态势、自身瓶颈等，只有这样才能够保证充分发挥自身优势，找准正确的社群发展方向。

第二步：自我定位

方向比努力更重要。给社群定好位，才能让整个社群快速发展壮大，将弱关系快速转化为强关系，为社交电商平台快速引流，推动社交电商平台小步快走。

第三步：界定群体

对弱关系中的目标消费者进行认真界定，这样才能为整个社群打造更加贴切的调性，让所有处于弱关系的人能够与社群建立起持久的强关系。

第四步：战略思维

社交电商，重在"社交"，而进行"社交"并不是盲目的，需要围绕引流和变现进行。好的战略思维能够增强社群成员凝聚力，提升引流和变现效率。

第五步：精准营销

社交电商平台如果想借助社群打开市场，就需要借助KOL的力量，在社群中作为联结产品和社群成员的纽带，让社群成员爱上产品。由于社群成员有共同的爱好，自然就会实现精准营销。

第六步：二次引流

用户成功购买产品后，自然会在朋友圈、微信群、QQ空间、QQ群，以及自己所在的其他社群中分享产品购买体验、使用体验及品牌价值等，对产品进行免费宣传，进而实现二次引流。

总之，社交电商要想经营好自己的"一亩三分地"，在抓住市场需求变化的同时，还要熟练掌握精准"杀熟"技巧，才能提升销量和自己在市场竞争中的地位。

第四节　创始人为品牌发声

以往，品牌往往会请明星代言，让品牌也因明星光环而在众多品牌中出彩。但如今，在这个个人品牌的时代，一个人自身所具有的价值并不是只能代表自己。作为社会成员，作为品牌创始人，同样可以为品牌发声。

社交电商时代，创始人为品牌发声，就是最好的品牌代言人。因为，一个成功的品牌背后不仅是一个品类，更需要的是一位能够与其气质相符的代言人。而一个品牌创始人毫无疑问是与品牌理念、价值、气质最契合的，他能够更加精准、有效地阐释品牌价值和品牌文化。

品牌创始人作为代言人，可以集多重身份于一体，在体现自身价值的同时，还能为自己的品牌带来更好的声誉，进而带来流量和销量的提升。

聚美优品在推出之后，其宣传片中的代言人就是其品牌创始人陈欧。陈欧以一句"你只闻到我的香水，却没看到我的汗水；你否定我的现在，我决定你的未来；你可以轻视我们的年轻，我们会证明这是谁的时代。梦想是注定孤独的旅行，路上少不了质疑和嘲笑。但那又怎样，哪怕遍体鳞伤也要活得漂亮。我是陈欧，我为自己代言"。为自己的品牌代言，由此开创了创始人为自己的品牌代言的先河。

此后，格力电器董事长董明珠、京东董事长刘强东、小米科技董事长雷军等纷纷出镜，为自己的品牌代言。

那么，创始人如何为自己的品牌发声呢？

1. 制造有趣话题

互联网、新媒体平台（如微信、微博等）的出现，使国内创始人为自己的品牌发声成为一种全新的代言方式。因为新媒体为品牌创始人提供了更多的曝光机会。制造话题是创始人代言常用的方式，有意思、有创意的话题往往能够吸引人的眼球，在微信、微博中发酵，能够使广大用户在社交过程中引发热议，从而为品牌获得了低成本的曝光机会。

陈欧因为自己的代言词而一炮走红，更有人在社交平台上效仿陈欧代言词，称为"陈欧体"。此外，董明珠与雷军"打赌"、王健林的"小目标"也成为社交网络中热议的话题。这些热门趣味话题所产生的宣传效应堪比一线明星。

2. 讲述动人故事

生动感人的故事往往更能够从内心深处感动受众，进而引起情感上的共鸣，对品牌产生强有力的信任。此时，品牌形象已经稳扎在了广大受众的内心，品牌推广已经取得了成功。创始人在社交平台上为品牌发声的时候，一定要在受众面前爆出一个有关品牌的生动感人的故事，这也是创始人品牌推广中非常机智的做法。

小米科技CEO雷军就是一个非常善于讲故事的人。很多人都好奇，小米科技为何以"小米"命名？小米科技的LOGO又有哪些特殊含义呢？雷军在微博上为自己的品牌代言时，就详细讲述了有关"小米"名字和LOGO的故事：

当时雷军在创业之初，首先想到的名字是"红星科技"，因为"红星"代表的是雷军创业的决心。"一颗红心放光芒"是小米创办的初衷。但是因为这个名字在工商局审批没有通过，所以就在七位创始人喝下小米粥之后，改成了"小米"，而"小米加步枪"也就代表了小米以小博大的决心。所以，小米科技就有了每逢庆功宴必喝小米粥的传统。

小米科技将战略定位为"实用经济"，即人人都能买得起。所以，小米科技的LOGO "MI"暗藏玄机，如果将这个LOGO倒过来看，就会发现其实是一个少了一个点的"心"字，寓意着少让用户操心，让用户省一点心。

这样的故事具有很强的代入感，激起了广大用户情感上的共鸣，使广大粉丝自发地在微博中转发这些感人的故事，并引发互动讨论。在解答了广大用户内心疑问的同时，让用户对小米的成长和发展史有了更多的了解，对小米品牌文化也有了更多的认识，使用户对小米这个品牌实现了从爱到深爱的转变。

所以，社交电商时代，创始人在为品牌默默无闻地努力的同时，还要走向前台，为自己的产品代言。这种与用户互动的方式能够拉近用户与品牌的距离，真正将用户转化为粉丝，再转化为铁杆粉，为品牌带来巨大的流量。

第五节 全面提升用户体验

无论何种商业模式，其打造的产品和服务都是为用户服务的。尤其在社交电商时代，突出的特点就是以"人"为本。所以，一切经营活动都应当围绕"人"进行，用户体验则是社交电商赢得用户芳心、加速变现、赢得市场的核心武器。

社交电商时代，很多平台盲目运营，将以人为本错误地理解为"重社交、轻产品、轻服务"，他们只将希望寄托于社交和内容上留住用户，却忽视了最基础的东西，即产品和服务。这种思想实际上是一种短板思想。因为社交和内容能为平台带来用户，但能够留住用户、让用户购买行为"成瘾"的还是产品和服务。所以，社交电商在强调用户体验时，不但要在社交和内容上做文章，还应当注重自身产品和服务。要知道，"打铁还需自身硬"，否则一切都是徒劳的。

1.产品体验

好产品一定要在功能上创新，并能够给用户带来好的产品体验。而产品体验则是在用户使用产品过程中所获得的全部心理感受，能够在产品使用过程中获得良好心理感受。然而，要想给用户带来良好的产品体验，就应当：

（1）有好的产品。基于科技的不断进步，假冒伪劣产品丛生，再加上产品同质化现象严重，很少有产品能够标新立异，鹤立鸡群。所以，真正让人拍手叫好的产品少之甚少。好的产品必定有以下气质：

- 品质有保证；
- 有创新元素；

- 贴近用户需求；
- 操作流程完整，但不烦琐。

（2）设计极致产品体验。好的产品就应当让用户有更加完美的产品体验，而这需要用一定的技巧和方法设计基于用户习惯的极致产品体验。当然，在设计过程中，还应当注意：

- 融入产品设计；
- 融入使用流程；
- 设计体验场景。

（3）思考产品方案。好的产品体验应思考如何才能让用户顺利完成体验任务，并在产品体验过程中收获快乐、惊喜，让用户感到满意。

2. 服务体验

极致的服务体验，往往是更有温度、更有情怀的服务。这样的服务能够让用户收获更多的人性化体验。

美捷步是美国最大的一家网上鞋店，它的宗旨是全心全意为用户提供极致的服务体验。其做法是：

如果客户买一双鞋，店铺可以为其发三双，收到货后，客户可以从中三选一，其他的免费退回，并且来回的邮寄费用都由平台承担。

客户对收到的商品不满意，可以在365天内随时退还，运费则由平台承担。

客户购买的商品如果断货，客服就会到其他店铺寻找相同的商品，并且对商品进行认真对比，以便给客户提供一条最优的购买渠道，最大限度地满足客户的购买需求。

网站会将客服的电话放在网页最显眼的位置，欢迎客户随时来电咨询和投诉，并且24×7小时为客户提供服务。

客户购买产品无须着急付款，只要在购买后90天内支付即可。

相信很多人都认为这家公司"疯了"，因为仅从人力成本和物流成本来看，就会让很多公司吃不消。然而正是因为美捷步的"疯"，给其带来了非常可观的利润。虽然365天包退给平台带来了高达25%的退货率，再加上这种不计成本的服务，给平台带来了每年将近1亿美元的成本，但这笔支出带来的却是非常惊人的回报：每份订单的平均金额是90美元，毛利率高达35%，回头客占了总客户数量的75%，回头客的交易额是新客户的15倍。而通常维护老客户的成本却是拉入新客户成本的1/6。

美捷步凭借极致甚至疯狂的服务体验，为自身赢得了广阔的市场。后来，美捷步以12亿美元被亚马逊收购，这使美捷步刷新了网购平台企业收购史上最高收购额纪录。美捷步的这种极致服务体验被写进哈佛商学院的教材，成为商界学习和借鉴的楷模。

3.社交体验

社交在社交电商中的作用是极为突出的，所以做好用户的社交体验，直接关系到平台引流和变现的成功与否。要想为用户提供极致的社交体验，应当从以下两个方面进行：

（1）多元化社交体验。随着微信和微博等"老牌"社交媒体的不断成熟，其他小众社交平台也迅速涌现出来。此外，诸如即时通信类（微信、QQ等）、视频直播类（斗鱼等）、新闻类（今日头条、腾讯新闻）、论坛类（天涯论坛、百度贴吧等）等平台社交属性的不断增长和发展，使社交媒体网络呈现出多元化特点。因此，平台应选择多个社交平台合作，提供多个流量入口方便用户选择，从而为社交电商用户提供极致的社交体验。

（2）亲民化社交体验。社交电商崇尚以"人"为本的运营理念，所以在运营过程中"人"是核心，而且构成消费的是大众群体。所以在给用户带来极致社交体验的时候要走亲民化路线，即选择大众都喜欢和常用的社交平台。这些社交平台往往更具亲民化特点，能够给用户带来更好的社交体验。

4. 内容体验

用户体验需要好的内容，更需要从内容中获得情感共鸣。无论何种内容，都要与用户体验相结合。好的内容体验，往往会在内容策划中考虑产出的内容会最终产生何种效果。只有条理清晰、能满足用户需要的信息内容，才能给用户带来极致的内容体验。内容撰写时需要注意以下内容：

（1）清晰易读。好内容必定思路条理清晰，文字通俗易读，这样的内容非常便于用户浏览。通常，会用一个恰当的标题和一个辅助的副标题来呈现整篇内容的结构，然后辅以适当的视觉材料（图片、表格等）加以说明，让内容更加乐于阅读。

（2）出色的信息架构。好的内容需要好的骨架来支撑，然后逐层把内容组织好，一一填充，让整个内容层级分明，有血有肉，阅读起来更加饱满、充实。这样的内容才更具可读性，便于用户理解和消化。

（3）关注用户。内容撰写的目的是为用户服务的，所以一定要将用户放在首位，围绕用户需求、喜好等进行撰写。为了让内容与用户更加贴切，将内容策略发挥到最大功效，首先需要为用户画像，然后根据用户画像来撰写。这样撰写出来的内容更受用户青睐，能够给用户带来极致体验。

总之，社交电商运营应当更加注重用户体验，只有用心做，才能使用户获得惊人的完美体验效果。

第六节 品牌跨界与共享

跨界和共享，自传统电商时代已经不再是新鲜事了。很多传统电商从最初的跨界到如今的无边界，从原来的"独享"到如今的"共享"，使"混搭"和"分享"已经成为一种流行元素。如今，社交电商兴起，在继承了传统电商基于共享经济的"基因"之后，似乎玩品牌跨界与共享来得更加顺理成章。

艾媒咨询在其发布的《2020中国社交电商行业市场研究报告》中所提供的一组调查数据显示："30.4%的受访中国社交电商用户表示，会分享自己购买的商品到社交平台上，24.7%的社交电商用户倾向于购买好友分享的商品，而表示不会购买好友分享到社交平台上商品的受访用户占比仅为10.3%。"

针对这样的调查结果，艾媒咨询分析师提出了自己的看法：社交电商的优势在于，借助熟人网络传播模式，通过传播消费者的消费体验，更有效地为商品做背书，增强用户消费信心。因此会购买好友分享商品的用户占比较高。

在当前互联网营销日益成熟的时代背景下，品牌跨界与共享已经成为迎合时代潮流的必然趋势。社交电商的核心是用户，而每个品牌在线上线下都聚集了不同类别的用户，跨界的用户共享将成为社交电商时代的一大特色。

通常，人与人之间的社交关系在一定的社交场景内建立，而用户与用户之间通常存在三种关系，即熟人、有共同兴趣的人、红人与粉丝。如果将这些关系应用于社交电商场景中，就能让购物信息在用户之间有效传播，又会自发地形成一种新人推荐，提高用户对商品的信任度。

按照IT界中著名的摩尔定律所讲的内容，即同等面积的集成电路上可容纳的元器件的数目每隔18～24个月便会增加一倍。我们同样可以把这个原理应用于描述社交电商品牌跨界与共享急剧增长的现象，即在当前市场容量不变的情况下，一定周期内，跨界业态和信任连接用户将以翻倍的速度剧增。因此，社交电商的这种基于信任的品牌跨界与共享的思维，能够在很大程度上为社交电商带来消费升级。其主要体现在以下两个方面：

1. 品牌跨界与共享能弥补当下用户的碎片化购物需求

当前电商市场面临这样一种情况：客流量急剧下滑。但从我国总人口数量来看却呈逐年上升趋势，因此按正常逻辑来看，消费基数应当同样呈增长态势。造成客流量下滑的原因在于，互联网的发展使人们的注意力不再像以往那么集中，除了必要的学习和工作外，人们很难有整段时间归自己自由支配和利用，这样时间就被碎片化，进而导致生活也呈现出碎片化特点，如社交碎片化、购物碎片化等。尤其是购物碎片化，使用户的消费行为产生了分化，传统电商已经不能满足用户的这种碎片化购物需求，而品牌跨界的方式则能帮助用户弥补这一空白。再加上分享经济的作用，能够让跨界品牌在用户中迅速传播。

2. 品牌跨界与共享是社交电商的一种扩张式防守

近年来，传统电商倒闭和被收购的消息频出，这些都证明传统业态的生命周期越来越短。社交电商作为一个新业态，品牌跨界和共享则能够延长业态的生命周期，而不至于"红颜薄命"，在短暂辉煌之后就陨落。所以说，品牌跨界与共享思维，实际上是社交电商对自身安全的一种扩张式防守，能够有效地延长社交电商平台的红利期。

可口可乐在这方面做得很好，堪称案例中的典范。可口可乐与西捷航空公司本是两个风马牛不相及的公司，但可口可乐却主动与西捷航空公司"联姻"，并且在品牌跨界与共享营销方面取得了成功。

可口可乐在卡里加里国际机场内设置了售卖机，只要某特定航班准备登机的乘客将定制的可乐罐分享给自己的好友，乘客就会收到一听灌装可乐。此瓶罐可以拿来当登机牌使用，同时该航空公司也会为飞机上的每一位乘客赠送一份定制可乐。当航班到达哈利法克斯国际机场时，乘客的好友们已经拿着带有自己名字的可乐在等待接机。最后，亲友相见，彼此间分享可乐。航班的乘客见到了分享可乐的好友，双方都拿着带有自己名字的可乐，使该营销活动在社交媒体上得到了广泛关注，更为可口可乐带来了巨大的销量。

可口可乐在借助品牌跨界和共享实现营销过程中，其成功点突出体现在以下两个方面：

第一，只要有共同受众群体，跨度再大也能玩转。对于西捷航空公司和可口可乐来讲，个性化、时尚、好玩、新奇是当下年轻消费者所关心的主要消费内容，结合当下流行的个性化定制，使可口可乐的这次营销活动更加具有趣味性和娱乐性，能够充分迎合消费者的口味，有效调动消费者的参与积极性，借助社交媒体的力量与朋友之间进行话题分享，使品牌传播更加快速。

第二，跨界时更加注重社交分享。可口可乐的理念就是"齐欢乐、齐分享"，在这场品牌跨界营销活动中，消费者的互动和分享，有效提升了对品牌的好感度，提高了产品销量。

未来，社交电商将会有更多的跨界品牌，以此来交叉激活不同用户的需求，帮助社交电商平台有效留住用户，实现最大化盈利。

第七节 注重用户参与感

在互联网时代,"得用户者得天下"。尤其是社交电商模式下,更是以"人"为本,所以,注重用户的情感体验是做好社交电商运营至关重要的前提。而用户参与,则是提升用户情感体验的最佳途径。

用户参与度是一个重要的运营指标,社交电商在运营过程中,应当注重为用户创造体验极佳的参与感。当用户能够参与到品牌运营中,并且看到自己的意见被采纳,就会有一种被重视的感觉,自然会成为品牌的忠实用户,并且用户会自觉形成口碑式传播,从而带动产品的裂变式扩散销售。

很多平台的产品本身是非常有价值的,但在营销中却常常表现出"一头热"的尴尬,这是运营者非常苦恼的事情,因为他们不懂得如何与用户互动,如何让用户有足够的参与感。那么究竟该如何提升用户的参与感呢?

1. 让用户参与到创意产品设计环节

一个品牌,有粉丝参与,才能保证其产品更加符合用户需求。如果能够根据粉丝的意见改进产品,然后让用户根据对新功能的体验投票,根据投票结果确定项目进展得是否成功。这样用户体验和信息反馈的价值就会被最大限度地表现出来。经过用户参与设计的创意产品是更加符合粉丝需求的产品。

此外,"艺术源于生活",每一件创意产品都堪称精美绝伦的艺术品,而广大群众是艺术品的创意源泉。他们心中往往藏着更多奇思妙想,能够为产品在外观、功能等方面开发出更多的创新元素,既时尚前卫,又实用性强,更重要的是符合大众使用习惯和喜好,这样的创新产品势必人见人爱。

2. 让用户参与到产品的营销传播环节

一件创新产品诞生之后,参与整个生产周期的用户自然而然地就成了产品的营销人员。他们不但使用融入自己创意的产品，还会借助各种社交媒体软件将自己的使用心得分享给周围的人。

用户参与到产品的营销传播环节，不但能够满足用户的虚荣心（产品中带有自己的设计元素或观点），还能极大地发挥转介绍的作用（通过分享吸引其他人关注并购买产品），从而在很大程度上提高了产品的销量。

3.让用户参与到与产品互动的环节

社交电商运营的重点在销售转化上，一切都以提升销量为核心导向。而实现这一点的重点就在于流量。让用户参与到与产品互动的环节，可以让用户更好地认识和了解产品，成为品牌的粉丝，进而实现销售的转化。通常，"平台+明星"是拉动用户参与的常用模式。

在一次苏宁"818店庆"期间，飘柔和京东合作，打造了"飘柔×苏宁818"活动，在社交电商模式的基础上，借助"明星+直播"的方式大幅引流。

活动前一天，飘柔官方微博与苏宁超市强强联手，为流量池蓄水造势，推出了一组江一燕直播海报，引发广大粉丝和用户的关注。江一燕粉丝团在关注到这条消息之后，在各大社交平台上掀起了一波又一波热议高潮，持续扩大声量，为"818直播Big Day"造势，引流观看直播。

在粉丝团关注并广泛热议之后，江一燕本人以其微博作为阵地，录制直播预告视频，再一次为流量加持，仅22秒的预告短片就引来了34万+次播放，互动量达到15000+。活动前的所有铺垫都是为了引流。

在活动当天，苏宁主要推出了"近距离观察活性炭吸附实验""无硅油2.0卸妆"等4个能体现产品核心功能的科学实验活动，围观用户可以随时发表评论，以及通过问答的形式，与直播间形成互动。这样可以从更加理性的角度，让用户更加快速地认识和了解产品的卖点，同时还配合明星自带的娱乐性质，使整场直播活动高潮不断，吸睛度爆棚。另外，苏宁还在直播间引入购买链接，这样就极大地减少了用户的搜索时间和购买决策时间。

总之，只有用户参与进来，才能让用户成为自己真正的朋友。通过将品牌、产品和用户连接起来，激发用户提供更加有创新性的建议，提升产品曝光率和传播速度，让用户在互动的基础上更爱产品，打造出更具人情味的品牌，帮助品牌在市场竞争中快人一步抢占先机。

第四篇 升华

构建流量持续增长体系及变现流程

第八章

基础流量引入

在当前互联网时代，信息获取方式和渠道变得越来越简单，流量高地随时都在发生转移。这样传统电商获得流量的成本将逐渐攀升，使流量变得越来越贵。对流量的渴求撩动着每一个电商平台。社交电商构建流量持续增长体系的第一步，就是基础流量的引入。

第一节 礼品引流

人们常说:"人在哪里,流量就在哪里。"随着移动互联网的出现和发展,微信聚集了规模庞大的用户群,并以快速增长的方式不断"膨大"。尤其是当前,微信月活跃用户超过12亿,这就使微信成为毫无争议的流量高地。海量用户基数、强大的社交基因,让品牌商们垂涎欲滴。所以,微信成为助力商业化实现的重点对象。

然而,找到流量扎堆聚集的高地之后,关键是将这些基础流量进行引流。礼品引流就是常见的基础引流方式。礼品引流,顾名思义,用礼品作为"诱饵",调动用户引流的积极性。

1.礼品引流的方法

在社交圈发个礼品是很多商家做基础引流的方法,但并不是人人都能获得更好的成效,赢得理想的流量。借助礼品引入基础流量也是需要掌握一定技巧的。

第一步:寻找无法抗拒的引流礼品

不要以为送礼是一件非常容易的事情,思维不对,即便是免费送也未必能得到用户的配合。礼品引流,首先要做的就是引流礼品的选择。只有那些让用户无法抗拒的礼品才具有诱惑力,才能达到引流的目的。

让人无法抗拒的礼品要具备以下3个特点:

(1)礼品"高大上",并非便宜货。虽然爱占便宜是绝大多数人的心理,但贪小便宜并不意味着贪便宜。所以,礼品要能够体现出"高大上"的一面,可以将礼品包装出价值和稀缺性,这样的礼品才更有"魔力"。

(2)能给用户带来某方面好处。一个有魅力、有无法抗拒力量的礼品,必然能够给有需求的用户带来一定的好处。这样，只有用户想要的礼品，才能加上占便宜的心理驱使用户产生接受的动力，因此礼品要能给用户带来某方面的好处。

（3）能够让用户由心动激发行动。随处可见的"便宜"哪里都能"贪"到，自然不会勾起用户继续"贪"的激情。只有让用户有心动激发其行动的礼品，才是最好的礼品。

第二步：疏通送礼环节，形成良性闭环

可以与用户加为微信好友，凡是对社交圈有关商品推广的内容点赞、评论、回复的用户，都有机会成为幸运用户，可以获得小礼品。这种简单地动动手指就能获得礼品的方式，自然是大多数人乐于接受的。这样一步步引导其成为产品的流量、店铺的流量，从而形成良性闭环。

值得一提的是，送礼虽然简单，但不能盲目送出。因为，不同的礼品往往具有不同的价值。所以，在送礼环节，要根据礼品的价值来设定门槛。

2.礼品引流的注意事项

借助礼品引流的过程中，还需要注意：

（1）要有周期性。礼品引流虽然好用，但不能乱用。发送礼品是一种投放广告的形式，但不能频繁发，一个月两次就差不多了，多了会适得其反。

（2）礼品要有吸引力。礼品的吸引力越大越好，越有魅力的礼品让用户越难以拒绝。

（3）礼品成本要适宜。对于商家而言，礼品成本越低越好，这样才能起到开源节流的作用。但即便是便宜的礼物，也要精心挑选。

礼品引流的方法是商家常用的基础引流方法。正所谓"舍不得孩子套不住狼"，花少量的钱，换来更多的流量。毕竟引来的巨大流量能够在日后成交过程中为你带来巨大收益，所以，礼品引流也是一笔非常划算的生意。

第二节 红包引流

红包已经成为日常社交活动的一部分，就像一群陌生人走到一起，有人主动拿出一包烟，递给周围的每个人，一方面能化解彼此陌生的尴尬，另一方面这是一个社交的开始，是获得他人好感的开始。而红包在引流过程中能够起到同样的作用。

红包引流，即用红包发放的方式吸引客户引流。

1. 红包引流的方法

第一步：红包签到混脸熟

发红包可以打破群的宁静，在一片抢红包的热闹中，大家会探讨抢了多少红包、会询问是谁发的红包。这样，你就会从一个刚入群的陌生人，成为受大家欢迎的人。这是成功入群的第一步。

第二步：红包做活动，叫醒"装睡"的人

很多人在入群以后，很少参与话题讨论，在群里默默无闻。而发放红包做活动，可以叫醒这些"装睡"的人，他们抢红包的过程就是一个在群里响应的过程。比如，有一项促销活动要公布，为了激活群里的成员，可以用红包为自己开路。

第三步：红包激活用户，实现引流

用红包激活用户实现引流的两个通吃方法：

（1）连发两轮红包。发放第一轮红包的时候，很多人不太会在意。所以最多包5～10份，这样很快就会被抢完，之后就会有人跟发"谢谢红包"之类的图文回应。这样就能很快吸引众人前来凑热闹，相信有人会因为没有抢到红包而感到遗憾。

在大家讨论10秒之后，紧接着发送第二轮红包，这轮大概发20份。如果第二轮红包发送中有第一轮抢到红包的人又来凑热闹，说明这些人是群里的活跃用户，需要重点引导。

前两轮红包的发送，实际上是预热过程。经过两轮红包发送之后，就有更多的人被吸引。此时就是上店铺链接的时候，以吸引群成员进店铺浏览并购买产品。

（2）红包做优惠券。发放红包之后，可以告诉大家，抢到红包的可以截图，作为店铺消费的优惠券，并提供店铺链接，这样可以吸引用户浏览店铺页面，进而下单。

2.红包引流的注意事项

红包引流做得好，才能达到预期的引流效果。因此，在发放红包的时候应当注意：

（1）选择时机很重要。发红包的目的是增加热度，看准时机才能达到良好效果。随便两连发很难最大限度地引起群成员的注意。

（2）不要发小红包。小红包虽然为自己节省了成本，但小额红包并不能激发群成员的兴趣，但红包金额过大，又让人心疼。所以最好发拼手气红包。但不要发10元100份的红包，这样平均一个红包才几毛钱，不仅影响大家的心情，而且影响自己的形象。

（3）注意频次。每人每天都可以领到红包，谁还会在乎红包的价值呢？所以，一定要注意红包发放的频次，才能让抢到红包的人珍惜机会，从而更加主动地去店铺浏览商品并下单购买。

总之，掌握红包引流的方法，可以帮助商家斩获更多的基础流量。

第三节 抽奖引流

抽奖引流也是基础流量引入的方法之一。绝大多数用户对于抽奖没有太多的抵抗力，因为抽奖往往意味着免费，用户爱占便宜的心理让抽奖成为一种很好的引流方式。

1.抽奖引流的方法

社交电商中，常见的抽奖引流方法有两种：

（1）微信小程序抽奖。在微信小程序中进行小程序抽奖引流是因为：一方面，能够减少用户跳转步骤；另一方面，无论是互动还是引流都在微信上进行，用户都留在微信上，更加便于商家做维护和进行流量的转化。

在借助微信小程序抽奖的页面中，最好附上个人微信号、店铺等广告信息，以便用户快速了解店铺产品。

在抽奖过程中，可以采用用户单独抽奖的方式，也可以采用抱团参与抽奖的方式。不同的是前者只有一人中奖；后者是一人中奖，全队得奖。后者显然会刺激更多用户转发组团行为，无论最后是否抱团成功，都已经达到了宣传的目的，有效增加了店铺的曝光量。

（2）直播间点赞抽奖。直播间抽奖引流的方法，通常是呼吁围观者点赞，当点赞数量达到10万、20万、30万等，点赞每增加10万，就会进行抽奖一次。设有很多抽奖等级，如安慰奖、幸运奖、一等奖、二等奖、三等奖等，奖品的内容是送实物、抽免单、抽折扣等。当然，免单和折扣奖获得者需要在当天有购买记录。这样能够很好地吸引用户前来围观，同时还能用抽奖免单和折扣的方式促进用户下单。换句话说，直播间点赞抽奖的方法不但能够引流，还能激发用户快速下单的动力。

2.抽奖引流的注意事项

（1）奖项不宜太随意。虽然抽奖不必设太高的门槛，但抽取的奖项也不能太随意，否则不但不能激发用户参与的积极性，更达不到引流的目的。

（2）抽奖要有时效性。奖项不能随时抽，也不能毫无期限地使用，设置一定的时效，可以有效促成成交。

（3）远离套路。如今的用户已经不像过去那么简单，所以，对于套路抽奖引流方式，用户能够很快看穿。再加上推广引流原本是一件需要长久去做的事情，套路能够快速套住流量，但也能快速丢掉流量。

总之，无论何种基础流量引流方法，只要适合自身发展，能真正为商家带来流量的方法就是好方法，商家可以酌情选择。

第九章

裂变流量增长

引入基础流量并不意味着万事大吉，还需要后续持续引流才能实现流量的不断增长。裂变流量增长，可以帮助社交电商更加快速获得更多流量。因为，流量增长的核心就是裂变，只有裂变，才能使一个流量分裂出多个流量，从而实现裂变流量的增长。

▶▶ 第一节 裂变流量

裂变流量实际上是对基础流量进行裂变，即通过人与人之间的社交关系进行信息传播和分享，实现基础流量以一人裂变成多人的方法。流量裂变可以实现流量的增长，以完成大幅引流，达到流量快速增长的目的。

流量裂变具有强大的聚粉功能，可以挖掘用户身边的资源，形成无数个小型辐射圈（见图9-1）。通过裂变的方式能够吸引用户将广告分享到朋友圈、微信群，从而引起更多人的关注，实现口碑效应。

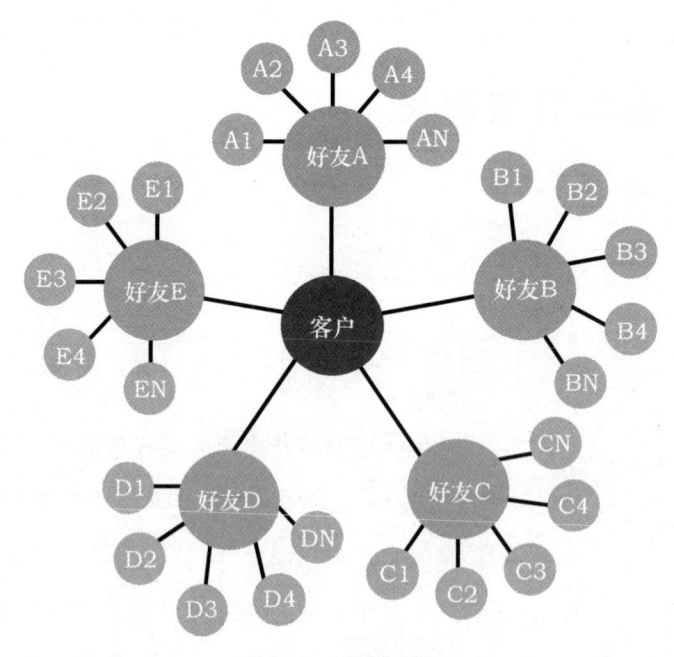

图9-1 流量裂变

如果将基础流量引入看作一个手工搬砖的过程，那么裂变流量实现增长的过程就是一个从手工作坊向机器工厂转变的过程，而且用在机器工厂能够大幅提高推广效率。简单来讲，裂变流量增长就是通过靠用户带新用户，实现用户成倍的增长。

1. 裂变增流的优势

裂变增流的方式往往具有以下两方面优势：

（1）低成本。一根棍子借助一个支点可以撬动地球。同样，一个流量点可以撬动整个行业庞大的社交流量，这是一件非常划算的事情。所以，进行流量裂变，对于那些创业资金相对薄弱的企业如初创公司来讲，是非常有利的增流方式。流量裂变的玩法有很多种，其中任何一种玩法能够熟能生巧，都会为商家带来巨大的回报。

（2）高成效。以一个流量裂变为多个流量的方式，在短时间内就能取得很好的效果，是一种高成效的流量增长方式。

2. 裂变增流的要点

裂变增流是有一定前提的，缺少前提，实现裂变就增加了难度，裂变增流的效果也不会显著。

（1）为用户画像。商家在进行裂变增流之前，要充分发挥社交平台的优势，充分收集用户的相关数据，并对这些数据进行分析，挖掘用户的个人喜好、价值理念、消费特征、行为习惯等数据，并将用户需求发送给营销方，为商家的裂变增流做出相应的指导，使裂变增流更有针对性。

（2）流程系统化。商家要做好裂变增流的准备，还需要对裂变增流的流程做好规划。系统化的流程可以对实际操作具有很好的指导作用。如何动员、如何预热、如何操作、要达到何种裂变程度，这些都需要有一个系统的流程来一步步引导。

总之，如果裂变活动的策划不够周详、系统化，则会影响裂变效果，不利于增流。

第二节 红包裂变

裂变增流，离不开分享。这一点，从分享经济的角度来看，实际上是将闲置资源，即用户资源进行合理配置和高效利用。在这个过程中，闲置用户资源是前提，用户体验是核心，信任是基础，安全是保障，人人参与是条件。在这些基础上，才能实现用户资源利用率的最大化。

红包裂变是一种有效的裂变增流方式。商家借助红包的诱惑力来吸引用户高度参与的积极性，从而达到产品、品牌快速裂变传播的目的，帮助商家赢得更多的流量。

1. 红包裂变增流的优势

（1）红包裂变的方式可以快速将有关产品、品牌的宣传内容传递给更多的人，并且让这种传播过程变得更加具有趣味性和互动性。

（2）商家借助红包裂变的方式可以让商家的品牌在广大用户中形成一种强化性记忆，这种方式是品牌宣传的有效利器。

（3）红包裂变的方式可以帮助商家快速提升自身知名度，由此带来更多的流量，快速抢占市场。

2. 红包裂变增流的方法

（1）分享拉新抢红包。

模式：分享→拉新→抢红包

在朋友圈发布分享拉新抢红包的有关产品的活动内容，并且内容要具有趣味性、诱惑力，以吸引大家的注意力和帮忙转发并邀请好友的热情。凡是转发邀请好友的用户，按实际成功邀请好友的数量获得相应的红包。所谓"吃人嘴软，拿人手短"，在拿了好处之后，人们在不损害自身利益的情况下，大多会愿意帮忙转发。

（2）集赞拉新抢红包。

模式：集赞→拉新→抢红包

同样，在朋友圈发布有趣味性、诱惑力的集赞拉新抢红包的活动内容，并限制集赞数量，只有集到该数量的用户才可以凭截图抢红包。这样，一传十，十传百，可以让更多的人参与到集赞活动中，成为产品和品牌的流量。

3.红包裂变增流须知

在进行红包裂变时，还应当注意设置红包发放门槛，可以规定，在一定时间内邀请的好友凑齐了相应的人数才能够领取红包。在活动总资金不变的情况下，这样做既能把控分享传播的节奏，又不会造成活动资源的浪费。

例如，在发放红包之前，首先要设定好送礼门槛，如只有邀请的好友人数达到10人才能获得红包。当然，硬性的"邀请10位好友"的条件如果对于有的用户难以实现，还可以放宽条件限制，用户凡是邀请人数达到5位，就可以获得小面额的红包奖励。这种门槛设置就是分梯次的门槛。

总的来说，裂变红包实现了用户之间裂变传播的场景，商家通过红包裂变可以达到不断强化商家品牌并形成裂变式传播，是品牌宣传、快速抢占市场的高效利器，其强大的增加流量的优势不容小觑。

▶▶ 第三节　视频裂变

如今，短视频已经成为人们消磨时间、娱乐自我的重要方式之一，因此，那些精彩的视频内容往往聚集了成千上万的流量，这使视频裂变成为流量裂变的又一个重要途径。

1. 视频裂变增流的优势

（1）精准裂变。视频裂变所引来的流量，精准度能够达到90%左右。因为喜欢观看某一类视频内容的人，自然对这类视频的相关内容十分感兴趣，以达到裂变的目的。

以微信视频为例。当吃货群中的一位用户看到一个非常有趣的有关美食的视频之后，自然会向自己的微信群转发，希望更多的群好友看到同样的视频。而微信群中大多聚集的是有相同兴趣、喜好的人，自然有不少人会对这样的视频内容感兴趣。同时通过观看视频内容，用目光搜索到让自己垂涎三尺的食品，这样就会激发微信群中的广大吃货主动搜索食品店铺，从而达到精准引流的效果。

（2）多快好省。视频裂变本身是以热门视频为载体，加载相关产品、品牌广告，利用视频的热度来吸引人们的眼球，让大家都乐于观看，并且视频内容会随着视频的传播一起传播。

"多"是因为能够通过视频裂变带来更多的流量。

"快"是因为借助视频传播的力量能够在更多的人中间快速传播。

"好"是因为视频传播实现流量裂变的效果非常显著。

"省"是因为视频裂变方式制作成本低，一个视频能够多次重复利用，有效节省成本。

2. 视频裂变增流的方法

视频裂变通常使用的方法是分享裂变。

模式：在微信群推出小视频→点击分享到微信群才能继续观看／点击分享到朋友圈才能继续观看

当用户观看到视频精彩部分的时候，弹出一个"请分享到微信群/朋友圈继续观看，好资源要一起分享"的提示窗口，此时用户只有将这个视频分享出去，才能继续观看。这种方式能够进行强制裂变，会在无形中将广告打出去，不断增加产品和品牌的曝光量。曝光量越多，就越能带来裂变流量。

可见，视频裂变是一种完全自动病毒式裂变，以获得流量激增的方式。视频裂变如果策划得好，传播速度会非常快，达到事半功倍的效果。当前，喜欢观看小视频的人越来越多，因为视频比枯燥的文字更加生动、鲜活，更容易激发人们去自主分享。微信视频裂变，可以快速实现裂变引流，让产品实现病毒式传播，是一种流量快速裂变的有效方法。

第四节 社交群裂变

做社交电商，最缺的就是流量，流量就意味着销量。快速增加流量的方法中，社交平台作为超级规模用户的聚集地，本身就是一个巨大的流量池，借助社交平台进行裂变会为商家带来极为可观的流量。

1. 社交群裂变增流的优势

（1）裂变成本低。社交群裂变是社交电商流量裂变实现扩张必不可少的环节，也是一种低成本获取流量的方法。

（2）效果显著。微信本身用户基础雄厚。

以微信群为例，一个微信群少则容纳几十人，多则能容纳500人，这500人又或多或少有数目不等的微信群。以最大容量计算，基础社群500

人,每人平均拥有5个微信群,每个微信群的容量都以满员500人计算,那么基于基础群的一级人脉,在一次裂变之后所获得的二级人脉就达到了500×5×500=1250000人。

如此庞大的人脉中,通过多次裂变所蕴含的流量,往往较其他社交平台能获得更加显著的裂变效果。

2. 社交群裂变增流的方法

模式:建群→拉人进群→推广产品→鼓动群成员拉人

在这种模式下,商家可以在引入基础流量之后,在社交平台上建立的社交群内推广产品,并通过一定的"利诱"方式,如红包、抽奖、礼品等,吸引基础流量不断拉人,最终达到社交群裂变引流的目的。

因为一个社交群的成员人数是有所限制的,所以当一个社交群能够承载流量达到最大限度时,就需要重新建立一个社交群,进行精准流量的引入,然后对裂变流量继续维护,并进行产品推广,以达到流量变现的目的。

第五节 社交圈裂变

对于社交电商而言,社交圈是其实现裂变增流的主战场。社交裂变主要取决于社交圈内容的打造。好的内容更具吸引力,能够快速实现社交圈裂变,为社交电商最大限度地增流。

1. 社交圈裂变增流的优势

(1)成本低廉。除需要有原始种子用户外,再加上科学的裂变流程,便可以达到源源不断增流的目的。

（2）影响力巨大。根据私密社交该理论，每个人身后都会有大概150人维持一定的好友关系，如果每发动一位用户传播，就可以影响几十个乃至上百个好友。所以，社交圈的影响力是非常大的，由此带来的裂变流量也是非常大的。

2.社交圈裂变增流的模式

模式：创建内容→发送到社交圈→用福利引导扫码添加、转发分享

通过社交圈的分享转发裂变获得流量的方式，可以将裂变的流量引入社交群中，再以此类推继续发展下去，无论是进行流量裂变实现增长，还是获得精准流量，通过这种方式都能实现。

3.社交圈裂变增流须知

在整个过程中，发圈内容的打造是关键，前文已经详细讲过，此处不再赘述。值得一提的是，在发圈的时候要注意以下两点：

（1）发圈时间。最佳的发圈时间有4个：

7:00—9:00。这个时间段是人们在上班路上的时间。很多人早上上班坐公交车或乘地铁时都会拿出手机关注朋友圈动态来打发时间，因此，这个时间段是抓住人眼球的最佳时间段。

12:30—13:00。这个时间段是人们刚刚吃过午饭后的休息时间，在等待下午上班的空当，人们往往会拿出手机来娱乐。这时候可以选择发一条产品信息广告来引导人们对产品的关注。

17:00—19:00。在这个时间段，忙碌了一天的人们又开始搭上了回家的公交车或地铁，会拿出手机来放松一下。这时候要发一些与产品有关的有趣味性的图文。

20:00—22:00。这个时间段人们都已收拾完毕，进入休闲时间，这时候要发一些与产品相关的专业性知识、互动性话题等，让大家从多角度了解

产品。

（2）发圈频次。商家通过发圈发送产品推广信息的时候，要注意维护好与群成员之间的关系，并且发送推广信息的频率要适度把握，切勿滚动式发送，否则容易让人产生厌烦感。

社交圈裂变可以快速增加流量，是社交电商平台以高效率、低成本实现快速引流的新玩法。

第十章

构建流量持续增长生态

在互联网、移动互联网高速发展之际,社交平台的出现为社交电商的崛起提供了契机,由此带来了巨大的红利,吸引了众多平台群雄逐鹿,使社交电商的竞争越来越激烈,并瞬间爆红。无论何种形式的商业形态,用户就等于流量,流量就等于金钱。社交电商平台一旦聚集了用户,并全面、大幅引流,实现流量的快速增长,就一定会为社交电商带来巨大的商业价值。

第一节 微信

社交电商如果想要获得持续的流量变现，构建流量持续增长生态是基础。基于这个生态，才能实现更多流量的变现，让社交电商的发展更加平稳、更具可持续性。

那么，如何构建流量持续增长生态呢？凡是可以为社交电商带来持续流量的社交平台，都可以视作社交电商流量持续增长生态中的一条重要渠道。微信可以看作流量生态中最重要的入口。那么，社交电商如何借助微信为商家引流呢？引流方法有哪些呢？

1."搜一搜"引流

微信有一个"搜一搜"功能，这里可以说是电商搜索的入口，而且会将一些品类电商搜索结果展示放在"朋友圈"和"公众号"之前最显眼的位置。在这里，用户可以将商品按照价格、销量等进行排序，还可以选择自己想要的品牌。在点击"商品"之后，就会自动跳转到京东商城的商品详情页面，可以添加到"想买清单"中进行购买。与此同时，"搜一搜"用户还可以获得"立减现金"的福利。显然，"搜一搜"功能是微信对电商的一次赋能（见图10-1）。

但按照用户通常的使用习惯，往往很少有人会在微信的"搜一搜"功能里购物，所以，在"搜一搜"功能上引流，效果不会太明显。

2.朋友圈引流

由于社交电商的口碑和信任度，本质上是源于"好友圈子"的特性。而微信的"朋友圈"最符合这种"好友圈子"的特性。

有关数据报告显示：社交电商用户流量，按分布集中程度来排序，分别是朋友圈、群聊、单聊。其流量百分比分别是：63.1%的流量来自朋友圈分享，23.79%的流量来自群聊，12.71%的流量来自单聊。这一数据清晰地描绘了社交电商用户流量的分布情况。

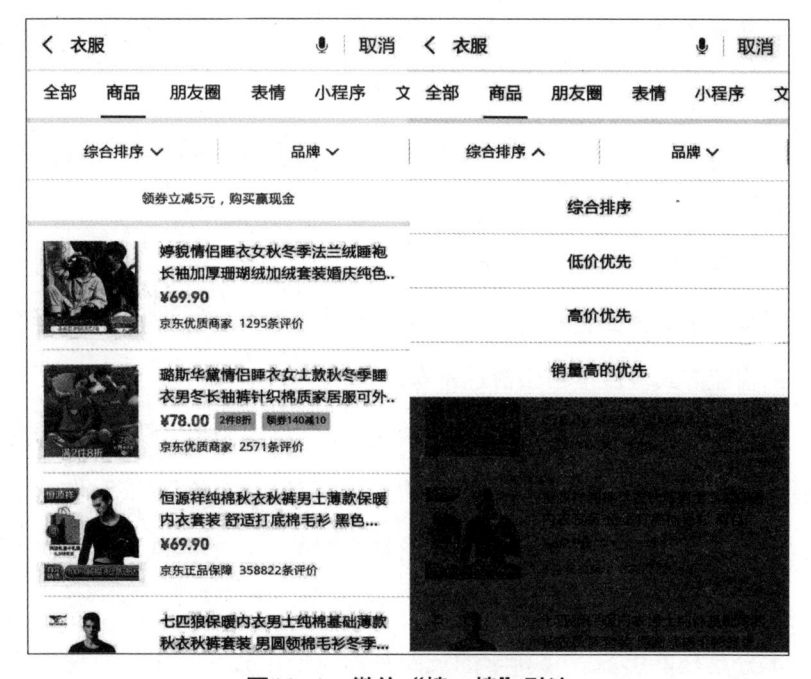

图10-1 微信"搜一搜"引流

朋友圈引流，通常有以下4种方法：

（1）分享相关行业的干货。在朋友圈中，可以采用图文、小视频的方式，分享相关行业的干货内容，这是最容易吸引用户关注的方法。这些行业内容要从用户普遍关心的话题、问题出发，与用户共同分享相关的专业知识。每天分享1~2条即可，多则招人反感。

（2）分享最新动态。产品最新动态往往是展示品牌商实力雄厚的最好机会，能够给用户足够的安全感。再者，分享产品最新动态，可以对新品预热，吸引用户眼球，抓住用户的好奇心。

（3）分享用户反馈。分享用户反馈，可以将商品的特性和作用为更多的人做见证，把用户的真实使用情况反馈给其他人，让用户对产品增加信任感。

（4）定期有奖活动。有奖活动可以提升用户参与的热情和积极性。针对产品提出相关有奖问答，并设置一些小奖励，既能调动用户参与的热情，又能增强用户互动的积极性。

以上几点，无论从短期引流还是长期引流来看，都是非常高效的引流方式。

3. 微信群引流

微信群对于商家而言，是一个非常好的引流"鱼塘"，利用微信群引流也是常用的引流方式。微信群引流通常有以下3种方法：

（1）话题讨论引流。话题引流，需要在微信群中抛出"诱饵"，即有价值的话题内容，以吸引别人，让别人主动加为好友。否则，别人对你的话题只会感觉讨厌，感觉参与这样的话题讨论是在浪费自己的时间，这样就很难达到引流的效果。

（2）分享技能引流。将新学的技能在微信群中分享，可以快速引流。如果谁想学，可以添加为好友并且免费教学。这样可以提升自身形象，增加用户对自己的信任，从而会有很多人愿意主动添加你为好友。

（3）自我介绍，发红包引流。进群的第一件事就是做简单的自我介绍，或者进行一定的互动，以吸引大家的关注。发红包可以有效提升关注度。

第二节 微博

相关统计数据显示：2020年第二季度，中国微博用户规模达到5.23亿，同比增长3700万用户。显然，微博是一个巨大的流量池，也是社交电商引流的主要阵地之一。借助微博的力量，可以为社交电商吸引更多的流量。微博引流的方法主要有以下3种：

1. 热门话题引流

热门话题引流，是实现引流的重要方式。微博中的热门话题往往汇集了微博用户的高度关注，平均每一分钟更新一次，有基于微博平台的社交属性。借助热门话题引流，即在发微博的时候直接插入热门话题，附带广告信息。

由于热门话题类似于贴吧，有等级，有管理人，还有主持人，话题又分为普通话题和超级话题。如果能做话题主持人，就对微博导语的编辑拥有了把控权，这样你的博文就会被话题用户优先浏览到。

在借助热门话题引流的时候，一定要注意：对热门话题有自己的见解，在评论中体现出自己的观点，这样就能够凭借自己独到的见解吸引人们的关注。

2. 微博热搜榜引流

蹭微博热搜榜，尤其是榜上有关名人的微博内容，更能够聚集超级多的粉丝（见图10-2）。可以借助热点微博内容，在其评论位置，将评论热度提升，把点赞数量刷上去。

借助微博热搜榜引流，在操作过程中要注意：

（1）蹭微博热搜榜的同时，还可以考虑那些与热搜榜上相关的微博内容，这些内容同样可以作为引流的基础。

图10-2　微博热搜榜

（2）在热搜榜发评论的时候，要回复和博文有关的内容，否则太过显眼的广告内容会让人一眼就看穿自己是在蹭热度，从而引起人们的反感。最好的方法就是在评论最后附上广告或链接。

3.昵称排名引流

在微博搜索栏上搜一个用户的时候，会出现很多相似的昵称，并依次排下去，这就是昵称排名。而排名顺序根据搜索关键词的精准度和粉丝数量来决定。例如，当用户搜索"保暖内衣"的时候，会出现多个昵称非常类似的账号，这些账号都与"保暖内衣"有关，但排名靠前的，往往粉丝数量巨大。

昵称排名越靠前，则曝光的概率越大，能够引流的概率也就越大。因此，提高自己的昵称排名，可以提升账号的权重。多开几个账号不断刷粉，可以把昵称排名顶上去。

第三节 直播

近年来,直播发展势头正盛,无论是个人还是企业、团体都开通了直播功能。因为直播更加贴近用户,可以给用户带来更好的视觉感受。越来越多的电商平台开始利用直播平台火爆刷屏,利用直播引流赚钱,也由此带来了可持续的商业机会。

第一步:寻找可以引流的直播平台

当前,直播平台以不可阻挡之势大量涌出,如淘宝直播、抖音直播、快手直播、火山直播、一直播、微吼直播、微视直播、优酷、映客、花椒、斗鱼、虎牙、YY、全民TV、熊猫TV、战旗TV、章鱼TV、龙珠直播、六间房、9158、喜马拉雅、荔枝FM……

社交电商应该选择更加适合自己的,能不断提升自我功能和价值,兼顾极简与时尚,为自己强力获客的直播平台,这样才会借助直播获得长足发展。

第二步:打造直播引流的内容

社交电商借助直播引流,只有平平淡淡的内容,丝毫不能激发用户的兴趣。而那些能够在情感上给用户带来共鸣的内容,才能强效吸引用户关注。所以,内容决定了社交电商借助直播平台实现引流的成败。那些只想凭借颜值、讲无聊段子而引流的方式,必败无疑。真正的好内容是能够和用户产生强关系的内容,并在内容中悄无声息地带入产品和品牌。只有这样的内容,才能让商家成功引流。

所以,在借助直播引流过程中,一定要注重内容的打造。通常,能够为社交电商带来可持续流量的内容应当是:

(1)满足用户"三感"的内容。用户本身是有血有肉有感情的群体,如果只将直播内容停留在单一的产品介绍上，是很难让用户持续关注的。如果打造的直播内容能够满足用户"三感"，即参与感、尊重感、成就感，则使用户在情感上获得了极大的满足，自然而然地会积极参与到直播当中，主动发起话题讨论，提出有价值和有建设性意见或建议，从最初的围观者变为追随者。这样，商家就成功实现了引流。

（2）不断与用户互动的内容。既然用户是有感情的群体，商家要想获得持续的流量，那么不间断触及其情感神经的内容才是引流的最好内容。

另外，设计的内容还需要具有持续的互动性，只有情感满足和互动相结合，才能实现高效引流。因为，互动性内容更加具有娱乐性、趣味性，让所有用户都能产生强烈的存在感。因此，用户才能持续不断地参与进来，在持续互动的同时，实现持续引流。

神舟买买车曾做过一场社交电商直播活动，该活动主要通过强效引流，实现销量的转化。在直播活动过程中，他们请来了《人民的名义》中郑胜利的扮演者阚犇犇来直播卖车，在一个半小时的时间里，超过30万人围观，平均停留时长为970秒，最终朗逸的在线预订量达到了2108辆，订单金额超过1.9亿元，实际转化率堪称逆天。

在本次营销活动中，观众的参与互动是关键，为社交网络的直播活动直接带来了销量转化，而阚犇犇也发挥了《人民的名义》中放得开的本性，整场直播活动与主持人及现场嘉宾频频互动，接受各种"折磨"、被"棒槌"敲头、戴红色假发躺在大众朗逸引擎盖上摆pose等，现场气氛高潮不断，持续拉高直播热度及订车数据。观众边吐槽边购物，在和郑胜利等嘉宾的互动中，以比终端4S店铺更加优惠的价格买走了1408台新朗逸。也正因如此，神州买买车的这场社交电商直播活动被写入MBA案例，成为社交电商强效引流、高效获利的典范。

（3）能够主动发酵的内容。用户之所以持续观看，是因为直播内容能够激发他们观看的欲望，那些缺乏新鲜感、时尚感、空洞乏味的直播内容很难吸引用户。除此以外，能够主动发酵的内容，也是激起用户持续关注和讨论的重要原因，这样才能吸引越来越多的人围观，进而聚集庞大的用户群，达到持续引流的目的。

第三步：通过直播引流

前期的铺垫都是为最后的引流做准备。所以，在一切准备就绪之后，最后的工作就是通过直播引流。通常情况下，引流的方法主要有以下两种：

第一种，互动引流。互动引流是一种最直接直播引流方式，即在直播过程中，与用户进行评论互动、问答互动等，让粉丝关注主播。在互动过程中，适时润物细无声地引入产品，让围观的用户爱屋及乌，在关注主播的同时，也关注主播推荐的产品，实现主播粉丝向品牌粉丝的转变。

第二种，资料部署引流。当借助可以持续发酵的直播内容引起激烈的话题讨论时，主播应当趁机做相应的资料部署，即在直播界面的左上方或右上方最显眼的地方推送相关的产品链接、店铺链接等，以成功将直播平台的粉丝引流到店铺。

第四节　短视频

短视频是社交电商流量实现持续增长生态中的重要一部分。小视频同样能够为社交电商带来持续增长的流量。

很多人经常喜欢看一些有趣的视频，一方面是因为内容十分精彩，另一方面是因为猎奇心的驱使，从而使一个短视频内容能够吸引众多人点击观看。

利用短视频为社交电商引流，操作方法如下：

1. 寻找最佳渠道

欲先攻其事，必先利其器。社交电商借助短视频引流，首先要选择最佳的引流渠道。如果说短视频是电流，那么短视频渠道就是线路。所以，短视频引流，选择最佳渠道非常重要。只有选择合适的渠道，才能产生最佳引流效果。

（1）粉丝渠道。所谓粉丝渠道，实际上，就是借助粉丝数量来影响短视频的播放量，并以此达到推广短视频的目的。通常而言，粉丝数量和播放量之间成正比，粉丝越多，播放量就越高。常见的粉丝渠道有微信公众号、微博、QQ订阅号、美拍视频、秒拍视频等。但是这些渠道都是没有分成的。

（2）推荐渠道。推荐渠道主要是根据系统的推荐获得短视频的播放量。例如UC号、天天快报、网易自媒体、360北京时间等都是有分成的，而百思不得姐、快手等是没有分成的。

（3）媒体渠道。这一渠道即借助视频渠道来推广短视频。常见的有优酷、搜狐、爱奇艺、酷六、土豆、爆米花等。媒体渠道能否获得超高的点击播放量，主要由两个因素决定：用户搜索、好的推荐位。播放量的多少，能否制作更加符合大众口味的内容是关键。但酷六、土豆、凤凰自媒体等是没有分成的。

2. 短视频引流的方法

（1）内容定位和录制。根据自身经营的行业来定位节目内容。例如，从事的是美食行业、服装行业、数码行业等，那么短视频内容就要与从事的行业相关。在定位好内容之后，就可以进行短视频录制，并通过最佳的渠道上传了。

（2）引流。

①硬性引流。在引流过程中，在视频内容中引入店铺微信公众号或者微

博，让粉丝添加引入的账号。但是很多渠道是禁止这样做的，如今日头条、百家之类的渠道。所以，硬性引流条件比较苛刻，较难实现。

②活动引流。活动引流，即通过一些活动的方式实现引流。可以让粉丝通过关注店铺公众号免费获得某些实质性的东西。这个方法引流效果非常好，但需要付出一定的成本。所以，免费赠与粉丝的东西一定要严格把控成本。

③内容引流。即根据短视频内容引流。通常的做法是"点击阅读原文，获取更多详情"，在详情页附上相关店铺微信公众号、微博等，或者直接附上店铺链接。这种方法效果好，成本低。但短视频内容一定要精彩，有吸引力，否则，很难激起粉丝继续观看的欲望，更难以实现引流。

要注意的是，"鸟枪法"有时候比"集中火力"所获得的"猎物"更多。所以，可以选择多种方式引流，不要总是使用单一的引流方式，不同的引流方式便于不同的用户所接受，产生的引流效果才能更佳。

▶▶ 第五节 小程序

自2018年以来，小程序火了，成为引爆网络的新兴词汇。随着微信小程序功能的上线以及不断更新，小程序逐渐走进人们的视野，很多商家也看到了小程序所蕴含的商机，纷纷开发了属于自己的小程序为自身引流。

小程序是一种无须专门下载就能够使用的应用，用户只要简单扫一扫或搜一下就可以轻松打开应用。随着市场的不断发展和变化，再加上用户消费习惯的改变，小程序的出现给社交电商带来了新的竞争跑道。在小程序应用于社交电商之后，为社交电商催生出更多的消费场景。小程序同样成为流量持续增长生态中的一员。

蘑菇街是社交电商领域中最早探索"小程序"营销的公司之一。蘑菇街小程序自2017年7月4日正式上线，仅上线两个月，用户数量就已经突破300万。

如今，蘑菇街小程序围绕女性用户需求进行全面布局，已经借助小程序营销获得了巨大的成长，月活跃用户数量突破千万级别。

除了蘑菇街外，还有唯品会、贝贝网、好物满仓、京东购物等也都走小程序社交电商路线。

1. 小程序引流的优势（见图10-3）

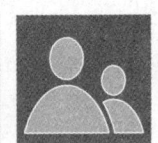

图10-3 小程序引流的优势

（1）自带流量基因。小程序基于微信而上线，在拥有10亿用户的基础上，自然携带"流量金矿"。小程序作为超级流量入口，为社交电商引流，能够以更加便捷、高效的方式实现引流。

（2）形式多样。小程序基于微信推广产品的方式多种多样，还可以与第三方平台合作进行推广，引流实力非同凡响。

（3）信任力量更强。微信本身就是一个巨大的社交平台，在这个平台上人与人之间建立了较强的社会关系，并且基于微信的商品分享，所构建的信任度，远远大于用户自己逛网购平台。所以，借助微信小程序所获得的流量信任力更强。

（4）成本低。借助小程序做社交电商，所涉及的费用只有3个方面：

①店铺建设与维护。以即速应用开发的微信小程序为例，每年的服务费不超过1万元。

②支付费率。每笔交易所收的费率仅为10%。

③微信认证费。微信认证费用每年仅为300元。

2.小程序引流的方法

（1）巧用微信搜索入口引流。

①用小程序名称抢排名位。对于小程序来讲，一个好的名字，往往决定店铺流量引入的多少。除此以外，小程序的排名位置还与描述、上线时间、用户访问量，以及小程序的综合质量息息相关，而且小程序的名称是独一无二的（见图10-4）。可以围绕用户的搜索习惯和产品特性尽可能多地注册小程序名称，这样小程序才能排在靠前的位置，从而提升被用户搜索到的概率。

图10-4 小程序搜索名称排名

②优化小程序描述关键词。一般情况下，微信搜索可以实现关键词模糊

匹配，所以使关键词搜索小程序的精准度降低，自然就会影响小程序的排名。在小程序后台"推广"板块，最多可以配置10个关键词。那么，该如何设置小程序关键词呢？

在最初的时候，可以借助微信指数、综合百度指数等指数工具，筛选出适合自己的品牌产品的热门词，并以此进行关键词设置。之后，通过对现有用户的搜索习惯进行统计，并加以分析后，再抓住每月有三次机会加以修改和优化，商家可以根据品牌词、竞品词、产品词、人群词以及用户在小程序内的使用习惯数据，对小程序关键词进一步优化，从而提升小程序的搜索排名，这样可以有效增加小程序的曝光率，为商家实现引流。

（2）借用附近的小程序引流。在"附近的小程序"中，小程序会向微信用户展现以其为中心，以5千米为半径画圆范围内的所有商家（见图10-5）。而这些商家在小程序中是免费曝光的，并且一个小程序可以添加10个地理位置。换句话来说，一个小程序意味着能给一家店铺带来10倍的曝光机会，能够为店铺带来更多的流量。

图10-5　"附近的小程序"引流

（3）利用拼团、秒杀、砍价引流。小程序是拼团、秒杀、砍价等活动最好的载体，能够激起用户以低价购买商品的积极性，实现快速裂变。这种引流方法可以在短时间内聚集大量精准用户。

（4）借助社群分享引流。社群分享可以分为聊天小程序和群小程序两种。借助社群分享引流的形式实际上是借助小程序卡片的形式在微信聊天界面中出现。在聊天的详情界面中也能找到聊天小程序的入口，点击进入之后就能看到聊天中发出的小程序卡片。可以在群内陌生好友的相互推荐下，将商家的优惠活动等信息展现给用户。这种方式能实现口碑营销，从而快速获客。

（5）小程序矩阵引流。小程序矩阵是指同一个公众号可以关联10个主题小程序和3个不同主题小程序，这些小程序之间可以互通并进行跳转。小程序可以以图文或者二维码的形式进行跳转。同时，小程序的各个页面信息都是可以作为广告来销售的，小程序彼此之间互通，所以形成小程序矩阵，进而在形成小程序矩阵过程中实现流量的互通。

（6）用小程序朋友圈广告引流。朋友圈广告中目前新增了小程序广告功能，用户可以直接点击广告进入小程序页面，在浏览过页面之后将其分享给自己的好友或者微信群。这种方法能够很好地将线上用户引流到线下，但该方式是一种付费推广方式。

（7）公众号绑定相关小程序引流。用户在关注商家公众号时，就可以看得到位于显眼位置的"相关小程序"，点击后可以直接跳转到小程序。如果公众号与小程序都为了一个店铺服务，那么用户会更加愿意在关注公众号的同时进入小程序。这种方法可以实现店铺的二次曝光，有效增加店铺流量。

总之，小程序的引流方式多、应用场景广、打开速度快、运营成本低，能够较好地展现商品信息，并且实现群分享，从而有效推动了社交电商平台引流，是社交电商引流的绝佳途径。

第十一章

社交电商加速变现"七部曲"

无论做任何事情,制订详细的计划是必不可少的步骤。要想让社交电商快速引流、加速变现,就需要按照步骤步步为营,使整个营销过程井然有序。但科学的成交、变现并不局限于生搬硬套,更重要的是在营销总流程不变的情况下灵活做出更加完善的营销策略,这样才能加速变现,创造营销奇迹。

第一节 定位：个人评估与精准定位

无论是新兴创业者还是在商界摸爬滚打多年的资深经营者，要想做社交电商，没有经过深思熟虑，特别是自己没有社交电商经验却喜欢照抄照搬，认为别人走过的路能成功，自己再走一遍也能成功。其实，基于这种想法做社交电商首先已经将成功率降低了一半。因为，别人的模式虽好，拿来照搬虽容易，但不一定是适合自己的模式。一旦模仿和跟随失败，那么一切努力都白费。

方向往往比努力更重要。所以，在做社交电商之前，一定要做好个人评估与精准定位。

1.个人评估

很多从业者在开始步入商圈之前，总是想当然地幻想着自己未来的发展如何精彩绝伦，如何在市场中斩获巨额盈利，却很少有人先对自我做一个全面的评估。全面评估自我，是认识自我的开始，更是知晓如何让自己做擅长的事，如何发挥自己的社交优势，让自己把社交电商做得风生水起。所以，做个人评估，是提升从事社交电商成功概率的第一步。

那么如何做个人评估呢？

（1）是否有激情。做任何事情，富有激情才能精神饱满、意气风发地朝着既定方向不懈努力，才能一步步取得成功。否则24小时的兴奋劲之后就开始懈怠，成功会离你越来越远。一个项目的成功是需要用时间来沉淀的，从来没有谁会"一口吃成一个胖子"，一下子成为梦中的百万富翁。所以，成功与失败，往往就在一念之间，持续的热情和满满的激情是从业者踏上社交电商取得成功的"必备品"。

（2）是否有社交魅力。社交电商，重在"社交"。做社交电商，每天面对的是性格迥异、年龄不同的消费群体。所以，要想做好社交电商，首先要具备良好的社交能力，成为一个有社交魅力的人。如果已经具备十足的社交魅力，他人都乐于与你交谈，那么就意味着你能够轻松建立一个有效的人际关系网络，这对你从事社交电商大有裨益。如果你在社交方面不善言辞，那么就需要发掘自己的优点，以此来增加自己的社交魅力。

社交魅力，通俗地讲就是"人缘儿"，如何提升自己的"人缘儿"呢？

第一步：明确自己在别人心目中的地位

一个人，只有了解自己在他人心目中的地位，找到自己的缺点，才能有针对性地对这些缺点做出改变。明确自己在他人心目中的地位，方法有：

①自我感觉。自己感受一下是否受人关注，受人欢迎。但这种自我感觉的方法往往不是十分准确，总会有偏差。

②询问他人。询问身边最要好的朋友，他们往往会说实话，向你反映出实情。

第二步：针对现状采取自我提升和完善的措施

面对自己的社交缺陷，要有一种"有则改之无则加勉"的心态，这样才能为自己逐渐积攒"人缘儿"，提升自己的社交魅力。

（3）是否具有专业知识。每个用户能够产生购买动机，其背后都是有原因的。但很多时候，会遇到犹豫不决型用户，他们往往拿不定主意是否要购买。此时需要一位有相关专业知识的人来做指点和引导，这样才能将他们的购买激情推到最高点。尤其是做社交电商，对从业者提出了更高的要求。

因为互联网、移动互联网让用户获取信息的渠道更加广泛、获取方式更加便捷，所以，通过吹嘘产品赢得用户的芳心，不但不能如愿以偿，还会适得其反，被用户认为是一种欺骗。社交电商做的就是"攻心"，专业的人做专业的事，才能取胜。所以，当用户迟疑的时候，最需要的就是从业者拥有丰富的专业知识，能够在关键时刻为用户做出提示，为用户解决疑问。

（4）是否能跳出价格关注价值。很多人在做营销过程中将盈利看得很重，他们往往在价格上"说一不二"，从来不会松口。在当前产品同质化严重的时代，产品品质上难以胜出之时，用户会从价格层面去考虑。而从业者如果能将自己的目光跳出价格层面，更多地关注价值，那么将收到意想不到的营销效果。

这里的"价值"指的是薄利多销背后所产生的连锁反应体现出来的价值。换句话来说，当前，对于社交电商而言，最贵的就是流量。一锤子买卖已经不再适应这个时代的经济发展。薄利多销，看似让利，对于用户而言，占了便宜；对于商家而言，吃了亏。但经商是一个长期的事业，目光要放长远。占了便宜却买到好货的用户自然会在其朋友之间炫耀和分享，无形中为店铺做了宣传，带来流量。这就是跳出价格之外关注价值的内涵。如果能将目光放在长远价值上，那么做社交电商则无往而不利。

2.精准定位

在进行自我评估之后，就对自我有一个总体的了解，明白自己是否具有做社交电商的潜质。如果有，那么就需要做第二件事情，即进行精准定位。精准定位，有助于从业者寻找更适合自己发展的社交电商平台。

（1）运营模式定位。任何商业形式的运营都离不开商业模式的引导。好的商业模式能够为商家带来意想不到的营销效果，对商家未来的发展具有指导性作用。

前文中已经详细介绍了运营模式，但如何进行运营模式定位，是从业者必做的选择题。那么运营模式定位应当遵循哪些原则呢？

①感兴趣原则。俗话说："兴趣是最好的老师。"选择社交电商运营模式，也要从众多模式中选择自己最喜欢的一种，只有喜欢才能做得更好。

②符合自身情况原则。选择社交电商运营模式，还需要考虑自身情况。

如果自己在某个领域或者运用某种技能和方法取得过成功，那么就可以选择自己更加擅长的运营模式，让自己的闪光点进一步放大。这样结合自身优点的运营模式，才能取得最佳的运营效果。

③市场竞争状况和制胜原则。市场商机稍纵即逝，竞争激烈程度也异常惊人。既然从事一项事业，要么不干，要干就要争第一。所以，在选择运营模式的时候，也要结合当前市场竞争状况和制胜原则，选择当下最具潜力和前景的模式。

（2）用户定位。社交电商是基于用户的社交关系链进行交易的一种商业模式。所以，用户在整个社交电商运营中是重中之重，用户定位尤为重要。

拼多多的用户定位是十分明确的，在绝大多数社交电商平台全面覆盖用户的时候，拼多多反其道而行之，走小众路线，即将用户定位于农民购物、乡村购物、小镇青年等领域。从拼多多这两年的发展情况不难看出，拼多多的小众路线取得了成功，并且在社交电商领域迸发出无限生机。

所以对于从业者而言，做什么样的用户定位，决定了选择在何种社交电商平台上落地。

那么用户定位应当遵循什么原则呢？

答案是：以用户规模为导向的原则。

有用户的地方就有需求，有需求的地方就有市场，而市场是用户的聚集地。所以，以用户规模为导向进行市场调查，才能得知哪方面的用户规模最为庞大，这样才能帮助从业者更好地进行用户定位。

做市场调查，需要从以下几方面进行：

①线上调查。线上调查，可以选择一些大的搜索平台（如百度、360搜索）、电商平台（如淘宝、京东、唯品会、美丽说、拼多多等）、社交平台

（如微信、QQ、微博等）等作为调查对象，从中发现庞大的用户聚集点。百度系数、阿里巴巴系数、腾讯系数等中，对用户的消费方向和消费规模的统计更加系统、清晰。

唯品会将用户定位为女性消费群体，主打"女性消费"电商，因此推出的大多是与女性有关的产品。唯品会近期发布的相关数据显示："家庭消费中，女性的主导地位愈加巩固。"

一方面，许多女性掌控着家庭财务大权和购物主导权，44%的女性会管理伴侣的全部资金，这在一线城市更为普遍；同时女性也更爱为家人操心，将近70%的一线女性会负责全部家庭购物，包括为伴侣、父母采购服装配饰、个护化妆等产品。

另一方面，女性比男性更爱在网上"买买买"。女性平均每个月网购7.2次，75%的女性每周都要网购，且各县级城市的女性消费者在线上消费的金额与频率都超过线下。"

可见，女性用户是一个非常庞大的线上消费群体。

②线下调查。线下调查可以直接触及用户，但调查结果往往会由于用户隐藏部分信息而造成偏差。线下调查较线上调查烦琐、耗时，所以，线下调查只能作为线上调查的补充。

如果在某方面有庞大用户群体聚集，那么这方面则是从业者应该瞄准的流量池。无论是拼多多还是唯品会，都定位于小众用户，这样更便于集中火力攻克消费壁垒，也是不错的选择。

（3）产品定位。用户需求决定产品，这才是产品定位的正确方向。所以，在做社交电商之前，必须有明确的产品定位。根据用户需求，可以帮助从业者更好地做出精准的产品定位。只有与用户需求相匹配的产品，才能为商家带来流量和销量,这一点正是产品定位需要遵循的原则。在进行产品定位过程中,同样可以采取市场调查的方式实现。

第二节 选品:好产品才有好市场

做社交电商,选品是运营的开端。好的产品才有好的市场,在电商圈内,甚至有"七分靠选品,三分靠运营"的说法。但是,社交电商运营难,也正是难在了选品上。很多从业者归根到底没有掌握真正选品的方法。

那么,如何才能选到极具市场潜力的产品呢?其实作为社交电商的从业者,在选品的时候可以遵循以下几个原则。

1. 刚需原则

什么是刚需?刚需就是用户在一定的需求场景中,在最紧急时刻最需要甚至是非要不可的产品。

例如,在原始的农耕时代,人们为了解决人力问题、为了分担工作量,最需要的就是一辆牛车,而牛车则成为当时人们耕种的刚需。随着时代的发展,人们继续解决出行问题,以往的马车去一个地方耗时长,有紧要的事情则往往被耽误了,这时候人们就需要能够快速前行的车,而汽车的出现为人类的出行提供了很大便利,也为人们节省了不少时间,汽车就成为人们的刚需。

所以,从业者应当选择具有刚需性的产品,才能有良好的销路。

2.痛点原则

什么是痛点？痛点往往是用户在解决自身需求问题时遇到的阻碍，如时间、金钱、难易程度。而这些阻碍就是用户的痛点。当这些阻碍表现得越强大，则代表用户的痛点越强烈。

痛点是贯穿产品的一根"引线"，只有找到让用户最痛的那一根，才能让你的产品或服务有市场前景。无论产品还是服务，在解决用户需求方面都是有一定价值的。如果能在价值红海中继续深挖用户痛点，那么产品就离引爆市场不远了。那么如何挖掘用户痛点呢？

（1）找风口。所谓风口，其实就是指关乎人们生活的痛点，这是广大用户最痛的需求点。与人们生活息息相关的必需品，往往具有十分广阔的市场前景，因为衣食住行是人们离不开的日常用品，也是最重要的痛点。

（2）找一级痛点。用户的痛点其实也是分等级的，就像金字塔一样，有一级、二级、三级……一级痛点则是用户最痛的需求点，也是用户最容易产生购买行为的点。

寻找用户一级痛点也是有方法可循的，可以采用用户画像法实现，即通过问卷调查、用户访谈、微信群观察等方式，获得用户数据信息，然后根据这些数据寻找核心用户，将用户的痛点集中到几个具有代表性的用户身上，最后对用户核心需求进行分析。

3.高频原则

什么是高频？高频是消费者对同一产品上瘾，不断去重复购买。用户高频消费的产品，自然是绝大多数用户需求量巨大的产品。因此，从业者需要寻找用户高频消费的需求点，占领庞大的用户规模。

判断哪些是用户高频购买的产品，同样可以通过在线上、线下做市场调查得知。

4.体验原则

产品的最终对接对象是用户,用户使用产品所获得的体验满意与否,直接决定了产品的复购率,更影响以老带新所获得流量的多寡。所以,产品的体验原则也是社交电商从业者不可忽视的一个重点。

那么,如何选择为用户带来极致体验的产品呢?

(1)极致体验产品=黄金品质+白菜价格。用户通过产品获得的最初体验,往往是产品的品质和价格赋予的。能够给用户带来极致体验的产品,往往来自黄金般的品质和白菜般的价格。对于用户而言,好的产品才能产生强吸引力。另外,价格也是广大用户所关注的一个方面。所以,营造一种"黄金品质+白菜价格"的产品销售氛围,才能让商家的销量得到冲刺。

(2)选取具备极致应用性能的产品。用户购买产品的目的不外乎解决刚需问题和解决痛点问题两种,然而能否解决这两方面问题关键在于产品的性能。现在很多产品也都朝着产品功能异化的方面来体现自身价值。因此,从业者应当选取具备极致应用性能的产品,包括产品的创新性、先进性等,那些高品质的产品更容易得到用户的喜欢。

(3)选取相比之下具有极致体验的产品。所谓极致体验,就是打造能够超出用户预期、其他同类商家所不具备的产品,让用户获得最大的体验满足感。

世界上任何事情都没有最好的,只有更好的。社交电商从业者在为用户选取具有极致体验的产品之前,首先应当在抓住用户痛点的基础上,选择与他人的产品对比后更具创新性的能够为用户带来与众不同体验的产品。因为没有对比,就不知道自己所选产品的缺点在哪里;没有对比,就不知道自己应当朝着哪些方面去选品。因此,做到极致,做到创新,就要达到"人无我有,人有我优"的境界。

（4）选取能够给客户带来核心利益的产品。产品给用户带来的核心利益，最直接的就是产品使用效果。

例如，销售一款化妆品，让客户对产品进行亲身体验，从舒适度、适合度、平滑细腻度、清爽度、温和度、白皙度、水嫩度等各方面进行对比。比如拿一款卸妆液和市面上同类产品进行对比，客户一边使用我们的产品卸妆，一边用其他品牌的产品卸妆，通过卸妆后残留物的多少进行对比。能够全部卸除妆面残余，则说明产品使用效果显著。

5. 附加值原则

市场中，有很多商家销售的是同样的产品，有的能卖到很高的价格，有的则只能售出普通价格。造成这种价格差异的原因就在于产品的附加值。

那么，如何选择具有附加值的产品呢？

（1）选择融入高科技成分的产品。产品中融入高科技，就相当于给看似普通的产品"贴了金"，具有高含金量的产品，自然更具市场潜力。

例如，同样是销售大米，普通大米一斤售价两元多，而品牌大米的价格却能飙升到十几元甚至几十元。山东美晶公司在大米产品研发上加大投入力度，借助科技手段改造出金芽活芯大米，使原本普通的大米一下升级为高端大米，其品牌大米也成为国内最贵的大米。

（2）选择赋予文化价值的产品。我国是一个具有浓郁文化特色的国家，而不同的文化特色却可以通过民间传奇故事和产品相结合体现出来。融入文化特色的产品往往具有与众不同的文化色彩，进而体现出高雅的文化价值。这种赋予了文化价值的产品，在同类产品中自然能体现出高贵的

"气质"。

农夫山泉高端水追求瓶身设计的精美。该款瓶身设计完全体现出一种生态文化理念,让自然元素栩栩如生地呈现在消费者面前,是一种对大自然的回归。另外,瓶身塑造成一种水滴的形态,曲线优美流畅,彰显了一种高大上的气质。

(3)选择彰显个性化诉求的产品。随着时代的改变,用户对产品的需求已经逐渐超越了衣食住行等基本刚需,追逐更加能够彰显个性化诉求的产品和体现自我生活品质的产品。所以,从业者应当选择更加能够彰显个性化诉求的产品,这样才能在市场中独占一席之地。

总之,在选品的时候,要从产品的刚需、痛点、高频、体验、附加值五个方面去考虑,你所销售的产品基本上就是非常优秀的产品,此时就已经在社交电商的道路上迈出了成功的一步。

第三节 建圈:打造优质社交群

社交电商,卖产品赚的是产品钱,赚钱少;售卖服务,赚的是流量的钱;而做社交群,赚的是优质社交群中构建的信任关系的钱。

做社交电商,重点是需要获得人气。谈及"人气",让人最容易想到的就是社交群。人本身就是一种群居的社会动物,因而有很强的社交需求。建立在人与人基础上的现实或虚拟方式聚集在一起形成的社会关系和联结,就形成了社交群体。在社交群中,每个成员都拥有清晰的目标愿景,他们都有非常清晰的定位,有共同的目标,具有相同的爱好,能够在情感上产生强烈的共鸣。由此,在这种社交群性质的背后隐藏着一种经济——社群经济。

基于这种社群经济,人与人之间建立了彼此信任的关系,形成了庞大的社交群,大家在这个拥有共同爱好的圈子里,通过微信、微博、QQ等诸多社交工具,以图文、视频的方式,传达对某件产品的喜爱之情,进而吸引更多人加以关注,购买这件产品。所以,一个优质的社交群,必定能发挥圈子的宣传力量,为社交电商店铺带来巨大的流量和销量。

那么如何才能打造出优质的社交群呢?

1. 前期:立目标→选阵地→定纲要→建门槛→找伙伴→建文化

构建优质社交群,需要层层推进,思虑周全,同时还要注重细节,这样才能步步为营。前期可以说是一个建圈阶段,在这个阶段,从业者需要做好以下几点:

(1)立目标。打造一个优质的社交群,首先要知道自己构建社交群的目的,这决定了后面所有的规划。

(2)选阵地。建立社交群,首先要确定社群的主阵地。通常选择用户规模庞大的社交平台,如微信、QQ、微博等,这些社交平台上往往沉淀了庞大的用户基础,能够将社交平台上的用户转化为品牌用户,就能够快速获取流量。

(3)定纲要。既然是社交群,那么群内的所有成员必然有相同的爱好、观点,并基于此而聚集在一起形成了共同的圈子。所以,在构建期,制定纲要十分重要,否则不利于圈子朝着目标一致的方向发展。

(4)建门槛。建立必要的门槛,可以对群里成员的质量进行有效把控,否则鱼龙混杂,不利于社交群的发展和壮大。

(5)找伙伴。一个优质的社交群,每个人都扮演着不同的角色,有意见领袖、核心活跃成员，也有普通成员、具有不同专长的人。各具特色的人聚在一起，组成了一个角色丰满的社交圈。所以，要根据品牌自身特点，再结合主阵地上用户资料，找出最精准的伙伴。

（6）建文化。群文化是一个社交群的核心，通过群文化可以拉近每位成员心与心的距离。如进群改群名片、做自我介绍等，这些群仪式是很好的破冰方式。

2.中期：满足"三感"→价值输出→树立品牌→持续互动→适当放权

建立好社交群并不是万事大吉了。因为随着社交群人数的不断增加，有价值的成员会觉得整个社群的水平降低了，所以就要选择离开。他们一旦离开，建立起来的社交群就会沦为平庸之地。所以，为了避免社交群成员快速"蒸发"，还需要采用一定的运营手段。

从业者主要在以下几方面开展工作：

（1）满足"三感"。建立社交群，要让每一个刚刚进入社交群里的成员都能获得"三感"的满足。

①仪式感。仪式感的满足，可以从进群前通过门槛筛选进入、进群后有欢迎仪式和自我介绍环节等，给予用户极大的满足。

②参与感。用户获得参与感方面的满足，可以让用户参与到活动的环节中，积极听取他们的意见和需求。

③归属感。让每位加入社交群的成员，都能获得一种家的归属感，只有这样，大家才会把社交群当成自己的家一样去维护、去经营。

例如，社交群内有小伙伴过生日，在生日当天可以在社交群吆喝所有小伙伴为其庆祝生日，并为小伙伴派出精美的生日礼物。能够在社交群内获得这么多人给自己过生日的特权，而且会收到的精美礼物，必然会给成员带来一种强烈的归属感。

（2）价值输出。优质的社交群能够保持长久的活跃度，关键在于给用户创造出源源不断的价值。为何很多人的微信朋友群会成为广告和"垃圾"的聚集地，就是因为不善管理，使社交群日益冷清，甚至只有偶尔的链接分享，没有真正地给用户创造价值。这样，辛苦创建的社交群就成为自说自话的"一言堂"，最终使群成员选择离开。而只有有价值的、对成员有帮助的内容输出，才能从根本上俘获成员的心，让成员死心塌地，不离不弃。

（3）树立品牌。在为社交群树立品牌过程中，可以从以下两个方面发力：

①打造品牌媒体。这里所讲的"媒体"并不单指像订阅号、头条号之类的媒体名称，还包括专属头像、LOGO、暗号等。

②打造品牌活动。可以设计一些参与性极强的互动和讨论方式，将品牌产品的相关信息通过潜移默化的方式在互动和讨论中植入，以达到更好的品牌宣传效果。当然，在植入过程中，一定要注意好玩、有用，满足这两点，才会吸引社交群成员积极参与进来。随着时间和频率的增加，产品的相关信息会逐渐渗入每位成员的心智，让他们逐渐爱上你的产品。

（4）持续互动。互动的目的是加强社交群成员的关注度。通过互动可以加强成员与品牌之间的关系，但互动也要持之以恒，三天打鱼两天晒网，就像一杯热茶，越放越凉，最终没人愿意喝一样，成员的关注度会越来越低。所以，互动就要像在茶还有温度的时候给它续上热水，让它永远保持热的状态。

向社交群成员发放微信红包、组织有奖分享活动、抢红包游戏等，并且规定所有的红包都只可用于品牌产品的购买，这样可以让成员在互动中享受乐趣，同时还能达到预期目的。

（5）适当放权。在运营过程中，要留意活跃、上进、求知欲强的用户，并与其建立感情。在适当的时候学会放权，取其优势并委以重任，这样既能节省自己的时间和精力，又能增加用户的参与感。

3.后期：洗粉→创新→打造社群核心福利

任何一个社交群都是有生命的，就像人一样，有一个生命周期，最终都会走向衰亡。大多数社交群的生命周期不超过三个月，这仿佛是有人对社交群设下的魔咒。所以，要想自己费尽心力、苦心经营的社交群不至于昙花一现，就需要想方设法延长社交圈的生命周期。

让社交群重新焕发活力四射的生命力，有以下四种有效方法。

（1）洗粉。社交群的运营需要细水长流，要保证每天有新流量的注入，也要果断淘汰一些不合格的成员，这样才能保证社群时刻充满生机和活力。另外，还应当淘汰那些不积极参与话题讨论和互动的"僵尸"成员，以免影响转化率。

（2）创新。有创新才有发展。让社交群重新焕发活力，你需要做到：

①玩法创新。对社交群之前的各种玩法进行创新，如改变群昵称、引入小工具等。玩法花样多变，才更具吸引力。

②集思广益。富有创意的东西多多益善，因此还要懂得发挥群成员的力量，集思广益，多多获得创意，才能更好地提升成员的参与感。这一点也是十分重要的。

经过以上步骤的不断雕琢，必定能打造出优质的社交群。这样在延续了社交群"生命"的同时，更让品牌产品在社交群成员中间强力渗透。在提升社交群成员的转化率的同时，还能够使他们将社交群当成自己的家，不但自己喜欢购买，将品牌产品当成自己的必备品，还喜欢推荐别人购买，自主自发地将品牌产品分享给他人，进而为商家带来更加可观的流量。

（3）打造社群核心福利。从业者可以通过定期举办用户答谢会或者交流会，给予用户核心福利。

需要注意的是，当一个小的优质社交群成功建立之后，可以以此为模板批量复制，从而收获意想不到的引流和变现效果。

第四节 找点：找准情感共鸣点，引爆社交圈

社交电商的第一属性是"社交"，在社交群内寻找情感共鸣点，是维系社交群成员的情感内核。社交群建立之后，关键的一步就是找社交群的情感共鸣点。因为社交电商更重感受。

有一句话说得非常好："当你和一个人交流时，你用了他熟悉的语言，那么他就会明白你的意思，你用了专属于他的方式，他就会把你记在心里。"打个比喻，如果将品牌看作德高望重的长者，而品牌只有和社交群成员做知己无话不谈，相互投了脾气才能顺利交流。所以，在社交群成员不断沉淀之后，就可以全面拉开营销作战序幕。社交电商，重要的是"攻心"，只有情感上产生共鸣，产生信任，才能激发群成员的购买欲望，从潜在用户转化为品牌用户，并且疯狂转发和传播热情。

那么如何才能找到情感共鸣呢？

第一步：寻找潜在用户记忆情景中的阻碍

很多时候，用户存在某种特殊的情感诉求，由于长时间得不到满足，而被深深地刻入记忆当中。而这种记忆也成为自己情感上的痛点和阻碍。

第二步：为潜在用户解决记忆情景中的阻碍

找到潜在用户记忆情景中的情感痛点和阻碍之后，接下来就是为其解决痛点和阻碍。

情感共鸣，不但是品牌的一种标签，更是能够打开用户心灵的一把钥匙。

用户与品牌之间存在一种不可逾越的情感，在这种情感共鸣下，往往可以使用户情感上的痛点和阻碍得到满足和攻克，进而在内心产生"自己人"的信任。这样就为引爆社交圈实现流量变现提供了可能。

在苹果的广告中，"Think different"一句简短的广告词中却蕴含着大量信息：

一方面，代表着苹果与众不同的思想出发点。

另一方面，在一定程度上帮助广大用户合理化其行为，即年轻一代用户疯狂行为背后的与众不同——"我们疯狂，是为了改变世界"。

那么究竟该如何根据不同的阻碍为用户提供情感帮助，以达到情感共鸣，引爆社交圈的目的呢？

（1）支持。当用户在被怀疑、被否定、被反对的时候，在情感上全力支持他们，帮助他们合理化自己的行为。

所有人都会面临被指责、被怀疑、被否定的时候，如果能够通过融入产品和品牌的内容唤起他们内心的这种情景，然后在情感上站在他们的立场上，想方设法合理化他们的行为，就能够引发用户强烈的情感共鸣。

具体操作：

①在社交群中，通过与成员推心置腹，在聊天过程寻找他们过去记忆情景中遇到了哪些被否认、被怀疑、被反对的场景。

②找方法在情感上支持他们的这些行为，让他们的这些行为更加合理化。

（2）批判。心理学上，批判又叫作"第三方惩戒"，即在与你无关的情况下，你仍然选择去揭露一些不公平、不合理的事情。"第三方惩戒"往往能让一个人在群体中提高信任度，并激起成员的共鸣。就像网络社会中的很多"喷子"，很多事情虽然与他们没有丝毫关系，但他们还是主动站出来对事件和人物进行抨击，这反而让人觉得他们仗义执言，是"真英雄"，因此在民众中赢得了信任，激起了那些敢想但不敢大胆说出来的人的情感共鸣。

举个简单的例子。我们的朋友圈经常有人做微商刷圈，而这些微商中很多人又是我们认识的，所以我们不好意思去批判他们刷屏。如果有人站出来"吐槽"，说出了我们的心声，此时我们会对这些批判微商的刷圈行为产生情感上的共鸣。

具体操作：

①在社交群中交流的时候，从言谈中找到用户经常面临的不合理现象有哪些，经常想要批判的不合理事情有哪些。

②找方法帮助用户揭露和批判这种不合理。

（3）提供鼓励。用户往往会面临某些痛点问题，这些会在他们内心形成阻碍。如果能为他们提供鼓励，克服他们内心中的这些阻碍，就容易引发情感共鸣。

具体操作：

①通过与成员沟通，发现他们是因为生活中遇到的哪些阻碍而让他们没有变得更好。

②找方法提升他们的自信心，发自肺腑地鼓励他们克服自身的阻碍。

总之，做社交电商，实现情感共鸣是关键，能够帮助商家实现用户与自身建立更加牢固的情感关系和信任关系，进而对商家的产品、品牌产生信任，这样销售产品自然水到渠成。

第五节　培养：培养自我意见领袖意识，加速流量裂变

社交电商运营过程中，社交群成员活跃度是一个重要的衡量指标，然而并不是所有的活跃分子都是潜在用户。当前，消费主力军是"95后"年轻群体，在他们中间，虽然有人沉默寡言，但内心中却隐藏着不安分的因子。所以，在关注用户活跃度之余，还需要培养自我意见领袖意识。因为KOL拥有更多、更准确的产品信息，而且在相关群体中具有很强的话语权，对群体的购买行为具有极强的影响力。

KOL在社交电商运营中虽然未必位高权重，却能发挥中心作用，形成一定的话语格局。KOL节点效应非常明显，10%的KOL会带来90%的收入。与此同时，KOL不但能轻松地说服用户，还会通过老用户带来更多新用户，可见KOL在社交电商中的重要性。

吉利汽车除了不断推出新车以外，还大胆借助当下最流行的传播方式——直播，做了一次"博瑞品质直播间——史上首个24小时无保留拆车直播"的活动，这意味着吉利汽车也开始向社交电商领域迈进。

吉利汽车在直播过程中并没有邀请任何网红、美女主播，而是实打实地把汽车本身作为直播的主角，由第三方专业工程师团队全程负责，在24小时的不间断直播中将一款博瑞拆个精光，共同见证吉利博瑞的卓越品质，为中国制造的自信发声。

在整个直播过程中，吉利汽车不仅完全将博瑞实体车拆解，还同步拆解了日系合资主流B级车标杆车型，并以合资品牌为基准，寻找博瑞与国际一线日系合资B级车的品质差距。整个拆车过程在直播镜头下一览无余，从四

门两盖及车内座椅开始，之后分别对车厢的内饰、底盘、发动机等四个阶段进行拆解。

全部拆解完毕之后，经过对比发现：日系合资拆解车型在成本把控、材质使用等方面极为成熟，展现出较高的成本把控能力。而对于博瑞而言，吉利则不惜代价，不计成本，全面投入。吉利博瑞无论在车身设计的前沿理念还是材质使用方面，都非常考究，具有安全、隔音等特点，这些让吉利博瑞有更加不俗的表现。

吉利此次拆车直播共邀请了40多家媒体，其中大部分媒体做了现场直播，也有自媒体将直播内容写成了稿件。同时还请来了夏东、颜宇鹏、吴佩三位汽车行业的KOL进行现场评论和解说。这三位汽车行业的KOL掌握很多与汽车相关的更加精准的产品信息，他们本身在汽车领域就有很强的话语权，并在特定领域具有较大的影响力。这类人一旦发声，必定吸引更多民众前来围观，并对此事件信任和认可。

可以说，吉利此次玩转社交电商运营模式，邀请三位KOL为现场做评论和解说，让吉利品牌在民众中的信任度上升一个新的台阶。

然而，KOL能够加大品牌知名度、扩大品牌影响力。但社交群的意见领袖往往具有不稳定性，意见领袖如同一把锋利的"双刃剑"，既有可能为品牌带来鲜花与掌声，也有可能使得品牌名誉一落千丈。所以，与其自己寻找意见领袖，不如自己做意见领袖，来加速流量变现。

1.自我意见领袖的培养

培养自我意见领袖意识，应当从两方面进行：

（1）将自己培养成意见领袖。做社交电商，不但要卖好货，还要做好"攻心"工作。社交电商的基础是"社交"，商家与用户之间建立信任关系最快的方法就是成为用户心目中的意见领袖，而专家则是成为意见领袖最重要的方法。

那么如何成为用户心目中的专家呢？

①亲自体验产品。所谓"知己知彼，百战不殆"。用户不了解产品就不会买你的产品，因此，用户在向你咨询产品问题的时候，你要对自己的产品有一个非常清晰、全面的了解，否则用户会认为你很不专业，不能成功说服用户购买。

②提升自己的专业知识。做社交电商，无论销售什么产品，都应当具备相关的专业知识。如果你做洗发水生意，就一定要了解与头发护理方面的知识；如果你销售减肥产品，你就一定要掌握有关健康减肥方面的常识……这样用户才会认为你专业，而你所推荐的产品更加有效。

③展示专业才能。专家往往具有专业知识，他们所获得的信息质量往往大于一般人。所以，要想让自己成为用户心目中的专家，在社交电商运营过程中起到意见领袖的作用，就需要花更多的时间，获得更多的知识、信息之后，在社交群中输出更多有价值的内容。

当然，输出的内容还要能够帮助用户解决问题。如果你的内容能做到对症下药，能够一针见血说到点子上，那么你不但懂产品，还懂用户需求心理，毫无疑问，你已经是一个资深专家了，能够轻松地赢得信任，销售产品也变得容易许多。

④展示各种授权、证书。授权和证书是对自身能力和知识的一个最好的证明，说明从业者并不是江湖骗子，而是在某方面具有专业知识、值得信赖的人。而其推荐的产品则更能给人一种靠谱的感觉。

⑤给自己贴有代表性的标签。在社交圈中，取一个能够体现自己专业化水准的名字，如美食达人、营养师、食神、美食创意鬼才等。这些具有高辨识性的称谓，间接地给自己贴上一个极具代表性和体现强知识性的标签，能够展现从业者在某一行业钻研的深度。

（2）向社交群中的意见领袖学习。已经在某一行业钻研多年的意见领袖，必然有其过人之处。所以，从业者在塑造自我意见领袖形象的同时，还需要多向社交群中的意见领袖学习，取长补短，让自己更加精进。

互动性是社交电商的一个重要属性，从业者可以向社交群内的意见领袖"取经"，通过互动与交流，学习他们的"领袖"才能和方法，以提升自己的"领袖"能力。

2.借助意见领袖的力量加速流量裂变

将自己培养成意见领袖之后，接下来的任务就是借助自我意见领袖的力量，加速流量裂变。

（1）像专家一样说话。要成为一个合格的意见领袖，最重要的表现方式就是在与用户沟通过程中能够像专家一样说话，这种方式最直接，也最高效。

社交电商的"社交"得以顺利开展，是通过网络社交平台实现的，不但可以通过直播平台看到商家和买家彼此，还能借助网络社交平台用图文的方式实现。

所以，作为一名优秀的意见领袖，要严格把控好自己的言谈举止。

①说话时要学会引用。在与用户交谈过程中要学会引经据典、借用名人名言、巧用经典案例，这样给用户一种交谈流畅自如的感觉，能够引起用户的兴趣，在凸显知识渊博的同时，更能显示出你所具有的专业水准。

②说话时要分条列出你的观点。无论是在直播平台还是在微信等社交平台，表达要有条理，让他人听起来或看起来先入为主，认为你的判断能力强，论述很有逻辑性和系统性。在与用户交谈并推荐产品时，条理清晰的表达方式不但将重点意思浓缩成精简的几句话甚至一句话，恰如其分地表达出关键的意思，还能够达到引导用户消费甚至主动转向介绍的目的。

③用大众化语言表达专业内容。用户对产品的了解往往不是很透彻，并不精通专业术语所表达的意思。所以，在向用户介绍产品的时候，一定要注意用符

合语言表达习惯的方式来表达专业化内容，要做到通俗化、大众化，避免使用冷僻以及过于专业化的术语等，这样既能保证用户听得懂，又能让用户感觉你的讲解很接地气。

（2）用数据说话更具说服力。既然要做意见领袖，在向用户推荐产品的时候一定要懂得用数据说话，以数据做后盾，使意见领袖的话语更具说服力。

在使用权威数据和用户沟通的时候，还应当注意以下几点：

①保证数据的真实性、可靠性、准确性。用数据说明产品优势的时候，目的就是引起用户的重视和关注，进而获得用户的信赖。如果给出的数据失真，来源不可靠，不具备准确性，那么一旦被用户搜索或查阅发现，认定是对用户的一种欺骗。损失的便不只是眼前的这一单生意，而是商家的形象和信誉，日后难以在市场中立足。

②数据最好是出自影响力较大的人物之口或者重大事件的说明。意见领袖最好选择一些影响力较大的人物说出来的数据，或者某件重大事件说明中提供的数据，这样更具说服力，更容易在用户脑海中形成深刻的记忆。

（3）有图有真相。作为意见领袖，在引导用户购买产品过程中，可以用图片甚至现场直播的方式讲解产品生产的全部环节，让用户能够从产品原材料运输到产品的生产，再到成品的形成等进行全方位的了解，进而增加用户对意见领袖的信任。

这就对企业的展示能力提出了要求：

①图片剪辑、直播流程井然有序。为了便于用户浏览和阅读，图片的编排、直播流程要井然有序、有起伏、有逻辑。但也不能过于浮夸，应以突出产品卖点为目的，从而吸引广大用户的关注。

②记录要翔实。无论图片还是直播介绍，在不泄露商业机密的情况下，应当尽可能地翔实，从原材料的甄选、精湛的加工技艺到包装的精心设计等，

都应当全面展现给用户，以此带给用户信任感，让用户对产品的品质、安全问题更加放心。

总之，从业者把自己培养成出色的意见领袖，然后在营销活动中展开攻势，则可以获得超乎想象的销量。

第六节 透视：洞察目标顾客的心理

在引流并实现销售转化过程中，通常会有用户犹豫不决，不能快速做出交易行为。此时，对于从业者来讲，具备一双"慧眼"洞察这些目标用户的心理是至关重要的。

1. 目标用户常见购买心理需求

目标用户的行为和心理是不对等的，通常表现在：

（1）要求并不等于需求。很多时候，用户会对产品提出很多看似合理的要求，而商家也会将用户的这些要求误以为是他们的需求。

例如，用户问客服衣服会不会褪色，要求衣服100%不褪色。然而，色牢度却与甲醇含量有关，甲醇可以加固服装颜色，但甲醛含量越高，对人体的危害就越大，有致癌的危险。从健康和环保角度来看，轻微褪色并不算大缺点，如果洗涤得当，就不会出现严重褪色的问题。在用户心中，对于褪色和健康，他们更加在乎的是健康和环保。

再如，当用户说"再便宜一点"时，并不代表用户真的想要商家再打折，只是想确认一下自己买这款产品的价格是不是已经是最低限了，确认自己的确没有买亏,这样能够让他们有一种占到便宜的感觉。

(2)满意并不等于会购买。在很多情况下,即便用户对产品表示满意,也不会产生购买行为,或者产生一定的复购行为。

举个简单的例子。用户对韩都衣舍的一款羽绒服表示很满意,但可能他不会去买这款羽绒服。因为用户认为波司登、鸭鸭等专业羽绒服品牌更靠谱。

其实,用户"言非所意,意非所言"的背后有其真意,如果商家只从表面上看,很难洞察到其真实想法和需求。所以,商家在洞察目标用户心理的时候,一定要透过表象,从人性的烦琐想法中理出头绪,才能"察其言,观其行",从中找到驱动目标用户购买或者重复购买的真实原因。

2. 洞察目标用户心理的方法

商家做好洞察目标用户心理工作,才能更好地把握用户的心智资源,从而提高成交效率。

(1)焦点深度访谈法。焦点深度访谈法是洞察用户心理需求常用的方法,这种方法能够达到的效果已经远远超过了普通问卷调查的效果。首先需要筛选目标人群,在社交群内进行深度交流。从业者可以根据这种交流方式,判断出同一问题不同态度背后的真实想法。

以啤酒为例,通常用户买的不是清爽的口感、高端的质量,而更多的是男士用户在喝完一口啤酒之后能够放大自我、超越自我的梦想。因为男士在骨子里就喜欢无拘无束、不愿被人牵绊地随心生活。所以,他们三三两两地聚集在一起,分享畅饮,诉说梦想。这正是他们购买啤酒的真实心理。

（2）洞察用户内心，多问几个"为什么"。无论进行任何形式的调研，其获得的结果都无法保证可靠性和严谨性，更无法真正洞察到用户的真实心理需求。甚至很多时候，因为调研数据的不严谨，使商家面临"一叶障目不见泰山"的结果。所以，商家应当花更多的时间去思考用户真实的心理需求，多问自己几个"为什么"，再结合从商经验，找到正确的答案。

总之，挖掘用户对产品的期望，洞悉其内心的真实想法，可以帮助商家真正俘获用户的心，快速形成成熟的买方市场。

第七节 爆破：成交策略加速成交

无论是传统电商还是社交电商，其最终目的都是实现变现，促进成交。然而，没有任何成交策略，就像无头苍蝇一样乱撞，这样的商家往往业绩不会太好。真正能够加速成交的商家，无论对于大客户还是小客户，都能因人而异地借助一定的成交策略来引导交易的达成。

常用的成交策略有：

1. 卖点策略

如今，科技的进步使产品日趋同质化。要想让自己的产品能够在市场上占有一席之地，要想加速用户成交，关键还是运用卖点策略，突出产品卖点。正所谓要么差异化，要么死亡。商家必须找到差异点，赋予产品更高的价值，用户才会为此埋单。

（1）好的卖点具备以下三个标准。

①区隔竞争对手。能够敢于、先于竞争对手，做他们做不到的、做他们承

诺不了的、做他们还没开始宣传的，那么此时就很容易以先入为主的方式占领用户的心智高地。

②自身有与众不同的实力。卖点就是与众不同的产品特点，而不是忽悠用户的口号，并且必须自身有实力经得起市场和用户的考验。

③具备能够感知和衡量的价值。好的卖点必须是用户渴望满足的需求，是能够迎合市场需求的，并且是能被用户感知和衡量的。

（2）卖点提炼。在三个标准的基础上，可以从以下几个方面进行卖点提炼：

①价格。价格往往是用户关注的重点要素之一，具备透明、可比性的价格，则是产品的一大卖点，商家可以根据价格优势打开市场。

唯品会打出的卖点是："都是好牌子，天天有三折"。这就意味着，买家可以花更低的价格买到相同的好牌子产品。

②服务。在产品相差无几的情况下，卖服务也是一条重要途径。优质的、与众不同的服务能够更好地吸引用户，并形成良好的口碑传播。

③效率。如今是互联网、移动互联网时代，人们更加追求快捷、高效的生活。社交电商商家应当迎合这种时代变化中出现的新型市场需求，为用户提供能够为其带来高效、快捷的生活产品，以满足快节奏时代用户的产品需求。

美团、饿了么外卖平台推出"超时赔付"，如果外卖送餐超时十分钟以上，系统会自动计算出赔付金额，并以无门槛红包的形式发放到用户账户的"钱包"中。这些赔付金是可以提现或者消费的，十分灵活。

④好处。产品较市场中其他同类产品而言，能够给用户带来独一无二好处，用户才会优先选择你的产品。

⑤重塑认知。很多商家会认为用户只关心成品产品，而其他相关的生产流程等则不会在意。这种想法是错误的。只有将生产环节向用户开诚布公地展示出来，才能让用户买得放心、用得安心。

皇家美素佳儿在做社交电商的路上找到了突破口，用直播创新营销模式，给广大用户和观众带来了更具创意的新颖的直播内容，并通过直播充分展示自己的卖点，以此重塑用户对美素佳儿的认知。

源自荷兰皇家菲仕兰的美素佳儿联合天猫共同举办了一场2个小时的直播。美素佳儿不远万里，到荷兰的生产基地现场拍摄采访。在荷兰，80%的牧场属于荷兰皇家美素佳儿牛奶生产基地。专业的中荷拍摄团队在Nile家的自家牧场和其家人一起整整拍摄2天时间，将自家牧场的奶农、奶牛、蓝天、白云都收录到镜头当中。

而在中国的直播间里，7个机位同时直播，50多个工作人员连续拍摄120个小时，这也真正定义了什么叫专业直播。在此次直播过程中，中国直播间将在荷兰现场拍摄的镜头融入进来，全程助力妈妈们一直以来都非常关注的奶源安全以及奶源地的话题讨论。这场具有专业性的直播，让妈妈们亲眼看到了奶源地，真正感受到了美素佳儿用心打造放心奶粉。

整个直播过程都透露着一种营销新魅力和新鲜感，一共获得了超过60万次的播放量，点赞量高达20.2万，评论条数达到了2.5万条，成为借助直播进行创新的社交电商运营的典范。

2.价值策略

什么样的产品才能让用户为之心动，进而产生购买行为？自然是产品中蕴含的技术含量和巨大的价值。所以，商家需要站在用户角度，深挖、塑造产品的价值，并让价值最大化地呈现在用户面前，用价值策略加速成交。

（1）价值塑造。

①塑造品牌文化。文化是一件产品和一个品牌的灵魂，有了文化的产品和品牌，其价值自然远远超出其物理价值，能为商家带来商品成本几倍甚至几十倍的利润。

一瓶普通的矿泉水售价2元左右，然而依云矿泉水却是个例外。因为依云矿泉水主打的是品牌文化：来自高山融雪和山地雨水常年聚集的阿尔卑斯山脉腹地，经过长达15年的天然过滤和冰川砂层的层层矿化与自然净化，形成了依云水……一位法国贵族长期喝依云水后疾病竟然奇迹般治愈了，此后人们将依云水视为神水，医生将其列入药房。后来拿破仑将依云水来源地命名为依云镇，从此依云矿泉水走向世界。

一个简短的故事就为依云矿泉水塑造了浓浓的文化，正是文化的力量在用户心中形成记忆，让其为品牌文化中孕育的价值而埋单。

②为产品注入情感。一件产品，有了情感之后，便不再是冷冰冰的物品，而是具备了生机和活力。情感可以为产品价值加分，进而带来意想不到的销量。

③品牌溢价。同类产品中，那些具有好口碑的产品，通常比普通产品更受用户青睐，关键就在于人们更加愿意选择购买一些大牌的产品，以体现自身的品位。所以，商家应当为自己的品牌塑造好口碑，提升品牌溢价，以此加速成交。

④纪念价值。一件产品有了纪念价值，则有了珍藏的意义，所以在用户

心中自然就有了非同一般的购买意义。

（2）价值传递。价值塑造的目的就是向用户传递产品价值，传递主要还是从情感上入手。产品外露的价值，能够从根本上让用户认同、接受产品和品牌文化。这样含有温度的价值传递，是加速成交的重要步骤。

3."人质"策略

"人质"策略是说服用户先下定金，这样用户反悔的概率会很小，使得用户不得不支付后续费用。"人质"策略是将产品介绍转化为实际购买行为的关键步骤。

（1）绑定"人质"的最佳时机。

①已经激发用户的兴趣。客户能够成为社交电商商家的"人质"，关键在于有足够强大的刺激点能激发其兴趣，如降价。史无前例的降价，能够激发客户的兴趣，此时是绑定客户做"人质"的最好时机。

②已经赢得客户的信任。能够成功说服客户做商家的"人质"，还需要使客户对商家有足够的信任，如商家入驻一些大的口碑极好的社交电商平台，则信任自然形成。此时有利于绑定客户。

③已经有其他客户盯上产品。很多时候，东西越是稀少才越能显示出其珍贵。在商品页面可以做一些商品销售量提醒，这样，客户为了抢到商品，自然愿意付定金，心甘情愿做"人质"。

（2）"人质"策略实施技巧。

①交定金，获得抢购资格。这种方法通常是产品以史无前例的低价进行促销，只有在正式开售之前交付一定的定金，才有抢购资格。当产品正式开售时，只需要支付抵扣以外的金额即可。

②交定金，定金金额变大。"人质"策略中，常见的技巧是"交定金，定金金额变大"。客户在产品正式开售前交一定的定金，通常金额不会太大，以5元、10元居多，并且定金金额可以变大，抵扣部分产品售价。当产品正式

开售时，只需支付抵扣以外的金额即可。

唯品会曾在一次"双十一"期间推出"预付定金，定金翻倍"的活动造势，用户参与"超级预付最高立省1800元，预付定金最高翻18倍"，即可在"双十一"期间以低价购买大牌正品。此次活动吸引了众多用户积极参与，自愿成为品牌的"人质"。

4. 紧迫策略

很多时候，用户在商品详情页面会停留很久，他们犹豫再三，迟迟没有做出购买决定。此时，打破这种销售壁垒的重要手段就是使用紧迫策略。"紧迫感"是一针加速客户购买的催化剂。

情绪上的紧迫是没有人会喜欢的。因为在紧迫感的背后往往承载了巨大的压力。而在社交电商营销活动中，适当的"紧迫感"所带来的后果不是客户惊慌失措地逃走，相反，还可能促成客户主动成交。然而这个分水岭的关键就在于商家是否能够把握好一个"度"，能否用好"紧迫感"这个武器。

那么，紧迫策略的实操方法有哪些呢？

（1）利用"特价"来制造紧迫感。"特价"商品往往是吸引客户抢购的最好方式，机不可失，时不再来，一旦错过了就需要按照页面恢复的原价购买。这样，客户会认为如果不把握好这次机会，就会造成极大的遗憾，此时紧迫感就产生了。紧迫感一旦产生，客户就会自然而然地做出购买决定。

（2）利用库存告急来制造紧迫感。大多数客户都是非常挑剔的，客户虽然对一件商品非常满意，却想要寻找比这件更让自己满意的商品。所以这是造成客户流向其他商家的一个重要原因。如果能在商品选购上显示库存数量剩余不多，这种方法能够给用户制造一种紧迫心理，会加速其产生购买行为。

（3）利用限时销售制造紧迫感。限时活动可以给用户造成紧迫感。然而实施这个方法的前提是产品的价格要公正，否则用户抢购的积极性不会很大。

5.稀缺策略

物以稀为贵。社交电商平台上销售的具有稀缺性的产品，才能极大地提升产品在用户内心的价值感，才能激起用户的抢购行为。所以稀缺策略是商家加速成交进程的有效方法。

通常，稀缺策略的应用技巧有：

（1）产品稀缺。稀缺的产品才更有收藏价值。所以，商家可以通过"限量发售""孤品"的方式制造产品的稀缺性，让用户有一种抢不到的才是最好的感觉，从而加速其抢购。

（2）限制赠品。在购买产品的同时享受额外的赠品，这种方法是借助用户的占便宜心理提升其购买热情。

例如，商家可以规定："凡是前50名下单的用户可以有机会免费获得一份价值××元的赠品。"

（3）限制服务。为用户提供特有的售后服务，是产品能够增值的重要部分。用户在满足某个条件的情况下消费，可以享受商家提供的免费服务。这种服务并不是人人都能享有的，从而营造了一种"稀缺"感。

例如，商家规定："凡是在本店购买电器产品满1000元，可以享受两年的免费售后服务。"

第十一章
社交电商加速变现"七部曲"

除了以上成交策略外,还有其他策略,但做社交电商,要想加速用户成交,关键还在于商家能够灵活策划出更多高效策略,这样才能通过不同的策略突破用户的心理。当然,各种策略的叠加能够产生更好的成交效果,商家找不到不去抢购的理由。

第五篇
践行

社交电商教科书级
案例剖析与指导

第十二章

解析经典社交电商的成功逻辑

"君子爱财,取之有道。"社交电商,成败取决于方法。商家不但要有无懈可击的营销策略,还应当具有超强的智慧和成功逻辑。如果自己不够成功,那么学会领略和借鉴他人的营销策略和智慧,也是一种提升自我营销能力的有效途径。

第一节 拼多多：演绎社交电商的极致玩法

拼多多成立于2015年，如今在3年的时间里，月流水已经达到了400亿元，估值接近2000亿元，这样空前的规模和发展速度，是很多传统电商平台所望尘莫及的。

探索拼多多成功的背后，其实是拼多多能够抓住长尾流量这个巨大的人群，再加上极致的玩法，使其变成了一款全民应用，从而在传统电商红利几近消失之际，一跃成为一款现象级社交电商代表，重新点燃了后电商时代各电商平台争夺红利的热情。

那么，拼多多借助社交电商模式创新了哪些极致玩法呢？

1. 背靠"大树"好乘凉

拼多多选择了与坐拥微信10.4亿、QQ8.05亿"雄兵"的腾讯合作，显然为自己构建了一个规模异常庞大的流量池。有关数据显示，拼多多微信小程序用户达到1.79亿，占总用户人数将近2/3。有腾讯为其背书，拼多多收获了数量庞大的流量，成为社交电商领域最为强大的"割草机"。

2. 低价拼团拼出未来

拼多多玩的是消费者低价拼团模式。

（1）拼团拼出购买热情。拼多多的消费人群主要定位于三四线城镇人口，他们之所以成为拼多多的消费主力军，主要是因为微信以及红包带来的移动支付，并且这批用户更多地来自家庭，低价拼团购买，拉动了几亿拼团网友的购买热情。

（2）形成良性运营氛围。拼多多的低价拼团模式让用户感到"买到了就是赚到了"。这是完全在理解了人心的基础上设计的极致玩法。拼多多通过分红包、抽奖、砍价等营销方式，充分刺激用户的各种消费心理——攀比消费、从众消费、冲动消费、发泄消费，最终成功拼团。低价的诱惑力的确极大，这一点又使得拼多多能吸引用户不断回来重复购买，不断对外分享拼团，从而形成一种良性的运营氛围。

（3）让用户自发找流量实现快速裂变。拼团本身就是新用户带老用户，让用户自发找流量的一个过程，在这个过程中，老用户自身省了钱，也给新用户省了钱。这种"传帮带"的方式能够实现流量的快速裂变。

3.流量获取行之有方

拼多多为商户能够获取更多的免费流量，打通了三个渠道：

（1）设置店铺推荐位置，留住店铺流量。商家进入店铺后台，可以设置店铺推荐位，通常最多可以设置三个位置。这样当用户点击进入商品页面浏览商品描述与详情时，就能轻松地看到店铺推荐位，吸引用户进入，从而更好地留住店铺流量。

这种方法通常在秒杀板块能够收到更好的成效。因为秒杀是拼多多获取流量的最大入口，审核通过秒杀的产品会在预热3天后，商家重新建立秒杀ID，修改上架价格，此时一定要设置好这三个推荐位，以免商家错过秒杀入口进来的流量。

（2）店内机器人客服引流。用户在商品详情页中点击"客服"之后，弹出的二级页面中可以设置五种自动回复方式，在设置过程中还可以加入商品链接，用户点击一下链接，就可以直接进入商品详情页面。这种引流方式方便快捷，别出心裁，能够抓住用户的猎奇心理，提高产品点击率的同时，也为店铺带来了相对精准的流量。

4."分享+社交"，实现主动购物

传统电商，用户购物都是在网购平台页面搜索自己喜欢的商品，或者漫无目的地闲逛，遇到自己喜欢的再购买。拼多多则借助与腾讯合作的优势，

嫁接于微信实现"分享+社交"运营模式。用户在拼多多上参与拼团能够买到更加优惠的商品，如果将商品链接分享给自己的微信好友，还能额外赚钱。这种购物方式在一定程度上又推动了用户自助购物的行为。

5. 与工厂直接合作，打造"拼工厂"

拼多多作为工厂和用户之间连通的桥梁，与工厂直接合作，从而实现C2M（客对厂反向定制）模式。这样，平台为厂家向用户推荐商品，依靠首页的巨大流量，使得推荐品成为拼多多平台上的爆款产品。此外，拼多多还通过让商家薄利多销、降低单价的方法为商家引来了巨大的流量，帮助商家加速变现。这样，商家获得丰厚利润的同时，拼多多也收获了可观的收益，从而实现了双赢。

总的来说，拼多多的成功并不是偶然，而是经过精心策划和编排，才一步步实现的。拼多多是社交电商的一个标杆，它的成功促使电商领域的格局重构，拼多多是所有电商从业者、平台等需要学习和借鉴的典范。

第二节 爱库存：用社交电商玩法去库存

近几年，代购行业成为众多创业者盈利的新板块，越来越多的从业者和网购平台加入了代购行列，使得代购成为又一新潮行业。爱库存就是以社交电商模式为基础，借助社区交流方式，将品牌商、专业代购、用户三方实现无缝联结的全新网购平台。

爱库存主要的玩法是借助社交电商模式实现库存分销。自上线至今，爱库存已经拥有职业代购员超过15万人，合作品牌数量超过3000家，月成交总额逼近3.5亿元。爱库存的发展如此迅猛，已经成为继拼多多之后又一个快速崛起的社交电商传奇。

爱库存是如何在社交电商模式下快速崛起的呢？

1. 紧抓行业痛点，用社交平台为品牌商赋能

传统服装行业存在一大痛点，即库存周转难。这也是国内诸多服装品牌运营成本一直居高不下的原因。再加上供应链体系不健全，使得很多品牌方在库存问题面前只好选择低价形式交给批发商分销。这种方式使得品牌价值被严重稀释，进而导致假货丛生，严重损害了品牌方的形象。爱库存则在上游联结品牌方，下游联结职业代购，代购以社交平台作为流量来源直接联结用户，从而实现了品牌的快速扩张。这种运营方式，无论对品牌方还是代购方而言，都能实现大幅引流，很好地解决了库存问题。

2. 彻底封闭式平台，放心直接甩卖

爱库存与品牌方直接合作，保证平台上的商品是正品，这样就能够在用户中间快速树立良好的口碑。对于品牌方而言，在这种封闭的社交圈中就能高效解决其长期难以解决的库存问题，在更好地保证其自身价格体系与品牌价值、品牌形象的同时，既能够放心直接甩卖产品，又能够为其自身带来极大的销量和收益。而这一点正是爱库存走社交电商道路获得成功的关键。

3. S2B2C模式带动社交分销

爱库存还借助S2B2C模式带动社交分销。在该模式中，S是供应商（品牌方），B是分销商（职业代购），C是终端消费者（见图12-1）。而爱库存主要扮演的角色就是一个平台，帮助上游的供应商找到分销商，然后将产品送达终端消费者。

（1）实现流量强效裂变。事实上，S2B2C模式中，职业代购还有另一重身份，即消费者，所以代购自己经营用户流量，代购与消费者之间更容易建立起信任关系。基于这种信任关系，实现产品的分享和推荐，买卖双方的协调性能够高度一致，在实现复购率不断提升的过程中，能够实现流量的强效裂变。

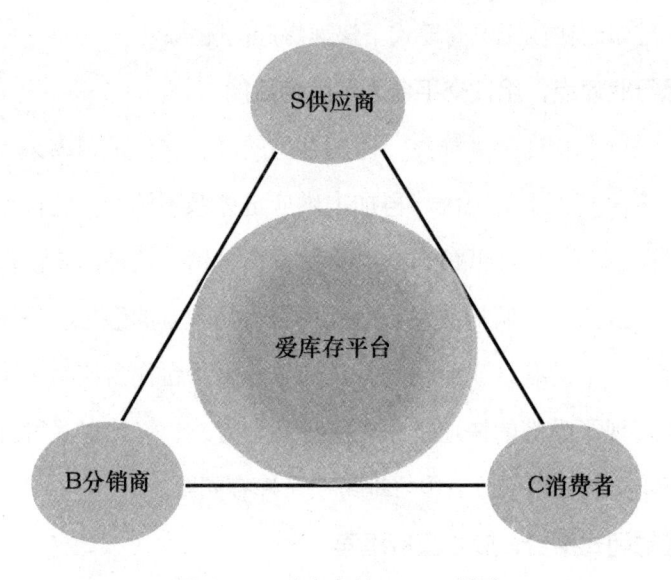

图12-1 爱库存的S2B2C模式

（2）全链路同步管理。爱库存全程不涉及任何与产品生产制造有关的环节，而是将注意力放在全链路的管理工作上。在S2B2C模式下，供需关系较传统销售模式更加精准，整个过程中实现了"四同步"，即库存同步、订单同步、发货同步、对账同步，这样有效缩短了销售周期和回款周期。

总之，爱库存玩转社交电商实现去库存的过程中，解决的所有问题都是围绕让中间交易的效率更高，给消费者带来低成本、高性价比的产品。也正是基于这一主旋律，使得爱库存能在社交电商领域的发展蒸蒸日上，在为品牌方消灭库存的同时，也极大地挖掘了社交电商红利。

第三节 礼物说：用小程序发力社交电商

如今，传统电商的发展势头逐渐消退，而社交电商则成为一个新风口，涌入人们的视野。微信小程序则成为社交电商发展的一片良田，结出了丰硕的果实。而礼物说则是社交电商时代借助微信小程序火起来的送礼小程序。

1.寻求社交大咖腾讯的支持

礼物说与腾讯云共同打造了"鸿鹄计划"。礼物说向腾讯寻求合作，其目的是：

①强化社交属性。以往的"抢红包"，如今已经转变为"抢礼物"。无论是"抢红包"还是"抢礼物"，都离不开社交场景。礼物说借助微信小程序打造的各式"抢礼物"的花样玩法，使得微信社交生态变得更具活力，同时也强化了礼物说的社交属性。这种基于社交属性的运营模式能够更好地提升用户黏性。如果说微信是礼物说发展的社交土壤，那么小程序就是礼物说社交电商运营模式的切入点。

②实现精准广告投放和运营。礼物说之所以寻求社交大咖腾讯的支持，是因为腾讯经过多年的发展，沉淀了庞大的用户基础，积累了十分雄厚的开放数据，礼物说可以利用腾讯生态反馈的用户画像做精准广告投放和运营。

③增加复购率。微信作为一种社交工具，同时也是实现礼尚往来的有效途径。借助微信小程序打开购物链接去购物，具有方便快捷的优势，同时也容易在礼尚往来的过程中提升复购率。

④为未来发展指明方向。礼物说还借助腾讯云的技术积累和前瞻性发展战略，为自身未来的发展调整方向。

2. 精细化礼物商城运营

传统电商的获客玩法是：一方面，通过反复传播产品和品牌宣传内容来增加产品和品牌的曝光度；另一方面，通过价格优势来吸引用户。通过这两方面在实现用户的增长。但这两种方式下，用户间的社交关系弱、互动性差、转化率低、用户黏性低、客单价低，容易造成用户流失。

礼物说的社交电商玩法是：通过深挖用户之间社交关系，并借助微信小程序，根据不同的场景、对象进行礼品推荐，有效激发用户购买欲望。而且，"送礼"时会选择一些具有刚性需求的礼物，并且在不同的节日、人际交往场景中满足用户的送礼需求，这种精细化运营方式有利于礼物说用户的快速裂变。

显然，这种精细化运营方式互动性强，社交属性明显，转化率高，送礼的刚需属性明显，用户黏性高。

3. 跨界营销实现流量社交裂变

礼物说的社交电商玩法中还有一个重要的方法，那就是跨界营销实现流量的社交性裂变。送礼物本身就是两个人之间的事情，具有高互动性和高联结性，礼物说通过这两个特点，充分利用用户社交关系，通过用户自发裂变传播实现流量的裂变式增长。

通过与微信公众号、其他行业品牌进行跨界营销，更有利于礼物说的推广，从而达到流量裂变的目的。

礼物说曾与中式快餐第一品牌真功夫联手推出轻享粽子礼盒。由于真功夫在我国已经形成了广泛的品牌认知，消费者对真功夫的安全十分信赖。而礼物说此次与真功夫合作，能够在真功夫的帮助下解决用户对礼品的安全信任问题。此外，真功夫还为礼物说带来了一定的流量基础，这使得礼物说能够获得广大用户的青睐。

此次合作使得礼物说赚足了人们的眼球，在全国600多家真功夫门店中投放了精美的宣传物料，实现了1.5亿次的精准客流曝光，为礼物说树立了良好的品牌形象，也积累了口碑。在此基础上，社交分享为礼物说带来了十分可观的裂变流量，赢得了两周月销售总额突破1500万元的好成绩。

总之，礼物说自带为社交关系加分的特点，借助微信这个社交平台，有力推动了礼物说的整体运营。可以说，礼物说借助微信小程序发力社交电商，未来更加值得期待。

第四节 蘑菇街：用微信小程序打造社交购物商城

蘑菇街是一家专注时尚女性用户的电商平台，自2017年开始构建了微信小程序矩阵，推出了"蘑菇街女装精选小程序社交购物商城"，从此走上了社交电商之路。

蘑菇街女装精选小程序上线两个月就吸引了大批流量，为平台开拓了很多新用户，新客数超过了300万。然而蘑菇街女装精选小程序的成功是有章可循的，绝非偶然。

1.边看边买，即买即走

蘑菇街女装精选小程序在功能结构上，舍弃了原来的"内容导购"栏，对用户"看"和"买"的环节做出了取舍，把"快"作为重点，在功能结构上为用户"买"的这个动作提供了一个更加直接的入口，用户能够简单进入购买板块，用户通过简单操作充分体验了"边看边买，即买即走"的"快"感。

2.团购、直播快速引流

微信本身具有强大的社交功能，基于微信的小程序，自然携带微信的社交基因，能让用户在这种强社交关系中发挥最大的效果。在小程序上推出团购、直播模式，可以快速增加流量，提高商品的转化率。

3.拼团有效吸引新用户

通常，拼团的作用就是在最短的时间内实现最大限度的引流，所以拼团被看作吸引新用户的最有效工具。在以往，在App上拼团，"拼团"只是一个很不显眼的小图标，拼团成员之间基本没有任何交流。即便是拼团成功，也不会给平台和品牌的流量带来任何影响。

手机淘宝App经常会推出拼团活动，2人成团，但这些拼团用户素不相识，且只有拼团省钱的利益关系，相互之间不会有任何沟通和交流。拼团成功则各自坐等收货，不会对商品品质、售后等进行任何讨论。整个过程中，双方只是名副其实的"陌路人"。

蘑菇街则不同。蘑菇街女装精选小程序在首页最显眼的位置设置了三个拼团入口，这三个拼团图标占去了首页近1/2的空间。另外，蘑菇街还为拼团业务搭建了专门的招商和商业团队，对拼团的选品、用户拼团分享到聊天窗口中的形态、拼团页面内的相关推荐、品牌展示等进行全方位优化。

4.网红效应增加用户黏性，引发社交传播

蘑菇街女装精选小程序搭载直播购物，使得直播这种具有红人效应的引流工具通过强互动、高参与度的方式进行品牌传播和运营。一方面，用户通过与主播一问一答的互动形式，更加了解产品性能，并加速用户成交，实现"所见即所买"；另一方面，网红主播往往拥有自己的忠实粉丝，粉丝的主动转发和口碑，能够实现流量的快速裂变。

自蘑菇街上线直播板块以来，主播数量与直播时长双升，千万级主播数量增长了275%，由此为品牌带来的直接流量可见一斑。

蘑菇街女装精选小程序能够借助多种运营方式加速其商业化进程，灵活玩转社交电商，不但塑造了"逛街感"，打造了独具特色的场景化体验，充分挖掘出社交电商模式中潜藏的巨大消费力；而且蘑菇街女装精选小程序既符合现代人的消费习惯，又收获了用户的喜爱，堪称社交电商领域实现成功运营的典范。